무엇이 나를 움직이게 하는가

무엇이 나를 움직이게 하는가

1판 1쇄 인쇄 2025. 12. 18.
1판 1쇄 발행 2026. 1. 6.

지은이 한자경

발행인 박강휘
편집 태호 | 디자인 정윤수 | 마케팅 박유진 김민준 | 홍보 이아연
발행처 김영사
등록 1979년 5월 17일 (제406-2003-036호)
주소 경기도 파주시 문발로 197(문발동) 우편번호 10881
전화 마케팅부 031)955-3100, 편집부 031)955-3200 | 팩스 031)955-3111

값은 뒤표지에 있습니다.
ISBN 979-11-7332-447-5 03220

홈페이지 www.gimmyoung.com   블로그 blog.naver.com/gybook
인스타그램 instagram.com/gimmyoung 이메일 bestbook@gimmyoung.com

좋은 독자가 좋은 책을 만듭니다.
김영사는 독자 여러분의 의견에 항상 귀 기울이고 있습니다.

무엇이
나를
움직이게
하는가

수불스님 간화선 집중수행 체험기

한자경
지음

김영사

이 책은 2013년 도피안사에서 출판했던 《화두: 철학자의 간화선 수행 체험기》의 개정증보판이다. 이전 책의 제목 '화두'는 출판사에 원고를 넘길 때 내가 붙였던 것이고, 부제는 출판사에서 붙여준 것이었다. 이번에 개정판을 내면서 책 제목을 바꾸어 《무엇이 나를 움직이게 하는가: 수불스님 간화선 집중수행 체험기》로 하였다. 제목을 바꾼 것은 수불스님께서 화두로써 불러일으키는 의심을 강조하기 위해서이고, 부제를 바꾼 것은 철학자라는 개념이 왠지 마음에 걸렸기 때문이다. 처음부터 제목에 체험하는 자를 드러내고 싶은 생각은 없었다. 그보다는 간화선을 지도해주시는 수불스님을 제목에 드러내고 싶었다. '수불스님 간화

4

선'은 '수불스님께서 지도하시는 간화선'이라는 뜻이고, 한마디로 '수불선修弗禪'을 의미한다.

간화선 집중수행을 마치고 나서 시간이 지나면 지날수록, 수불스님의 간화선 수행법에는 다른 곳에서 찾아보기 힘든 특별한 파급력이 있다고 생각한다. 화두로써 의심을 거는 방식이나, 그 화두 의심을 유지하게 하는 방식이나, 수행자를 완전히 사로잡아 한 길로 몰아넣어 결국은 화두 타파로 이끌어가는 방식이 그저 놀라울 뿐이다. 여러 경우를 비교·분석하여 그 힘이 어디에서 오는지를 학문적으로 고찰해볼 수도 있겠지만, 집중수행을 마치자마자 내가 직감한 것은, 바로 수불스님의 법력法力 때문이 아닐까 한다. 법력은 팔만대장경을 모두 읽고 이해한다고 해서 생기는 힘도 아니고, 하화중생下化衆生의 실천을 간절히 원한다고 해서 생기는 힘도 아닐 것이다. 예술가의 천재성이나 과학자의 유레카의 힘이 어디에서 오는지 알 수 없듯, 부처님이나 예수님 같은 성자聖者의 힘이 어디에서 오는지 알 수 없듯, 그 법력의 근원은 내게 신비 속에 가려져 있다. 어디서부터 어떤 방식으로 전파가 송신되는지는 알지 못해도 라디오로 주파수를 맞춰 전파를 타고 오는 음악을 들을 수 있는 것처럼, 나는 그저 수불스님의 호법護法을 받으며 그 법력의 아우라 속에서 화두를 들고 수불스님이 시키는 대로 행했을 뿐이다.

수불스님의 간화선 집중수행은 7박 8일이라는 짧은 기간 동안 진행된다. 나는 그 집중수행에 두 번 참여했는데, 한 번은 2009년 12월 부산 안국선원에서였고, 또 한번은 2010년 7월 해남 미황사에서였다. 수행에 실참하면서 내가 직접 보고 듣고 느끼고 생각한 것들을 기록했고, 또 그 두 기간 사이에 일어났던 일들을 적어놓았는데, 그것들을 시간적 순서를 따라 3부로 묶어서 한 권의 책으로 펴낸 것이 바로 2013년에 출간된 《화두》였다.

개인적인 체험이지만 수행을 마쳤을 당시 너무도 큰 환희심에 젖어 그 기쁨과 감사의 마음을 온 천하에 드러내고 싶었다. 매일 책상머리에 앉아 생각만 하던 내가 교학教學 너머 선禪의 세계에 뛰어들어 법열法悅을 느낄 만한 특이 체험을 하고, 교敎와 선禪, 불어佛語와 불심佛心이 하나도 아니지만 둘도 아니라는 것을 확신하게 된 것, 스승과 제자, 선지식과 학인 간의 기적과도 같은 줄탁동시啐啄同時를 느끼고 내가 마음을 비우면 온 우주가 나를 돕는 듯한 부처님의 가피를 실감하게 된 것, 이 모든 것이 그 짧은 7박 8일 안에 일어난 것이다. 이 땅에 한국 정신의 맥이 살아 있고, 불교

생명의 불길이 타오르고 있다는 것, 나 같은 속인에게까지 한국 간화선 전통이 수불스님을 통해 봇물 터지듯 밀려 내려온다는 것이 너무도 가슴 벅차게 느껴져서 그 기쁨을 있는 그대로 널리 알리고 회향하고 싶은 마음이 가득했다. 불교를 좋아하거나 수행에 관심이 있는 사람이라면 누구나 함께 공감하고 소통할 수 있으리라고 생각하며 책을 내놓았다.

그렇게 출간된 책을 읽은 학생 중에는 그 자리에서 마음을 내어 수불스님 간화선 집중수행에 참여하고 점검에서 통과한 학생들도 있었다. 독자 중에는 그 책을 읽으면서 내가 수행하며 겪었던 어려움을 따라 겪느라 매우 힘들었다거나, 많이 울기도 하고 머리가 아팠다고 말하는 사람도 있었다. 그러다가 결국 끝까지 따라가지 못해 중간에 책을 덮으면서 실패한 수행의 기록이라고 단정 짓는 사람도 있었다. 나의 글쓰기 방식이 미숙한 탓이리라. 또 첫 번째 수행을 마친 후 수불스님께서 "10년 후 나에게 진짜로 감사할 거요"라고 말씀하신 것을 그대로 책에 적어놓았더니, 10년이 지난 후부터는 사람들로부터 종종 "그 후 10년이 지났는데, 무슨 변화가 있던가요?"라는 질문을 받기도 했다. 그럴 때면 그 물음에 대해 어떤 방식으로 답해야 하는가를 고

민했다.

　도피안사에서 출판된 지 10여 년이 지나 절판되고 난 후, 가끔 이 책을 찾는 독자의 요구가 있어서 개정판을 생각해 보게 되었다. 도피안사의 절판 의도를 확인한 후 김영사에 문의했더니, 태호 편집자님께서 흔쾌히 맡아주시어 이제 《화두》가 《무엇이 나를 움직이게 하는가》라는 제목을 달고 새로운 얼굴로 다시 태어나게 되었다. 앞에 언급한 질문에 대한 답변을 첨가하면서 기존의 글도 더 읽기 쉽게 다듬어 보고자 했으나, 글을 건드리면 수행 당시의 생생한 느낌이 사라질 것 같아 대부분 그대로 두기로 했다. 대신 본문 앞에 몇 가지 사항을 미리 언급함으로써 전체 글의 안내문으로 삼고자 했다.

　'수불선에 대하여'에는 수불스님 간화선 집중수행에서의 화두참구 과정 및 화두타파와 그에 대한 점검 방식 등을 간략히 정리했고, 이어 간화선 수행의 특징 및 그 작동 기제 그리고 수불선의 의의에 대한 내 나름의 분석을 포함했다. 본문 중 여기저기 흩어져서 언급하고 있는 내용을 독자의 편의를 위해 새로 정리하고 현재의 생각을 덧붙여서 서두에 놓은 것이다. 수불스님의 집중수행 과정을 직접 느껴보고 싶은 사람은 서문을 건너뛰고 본문부터 읽는 것이 나을 수도 있겠다. 불교의 세계관 및 수행에 관심이 있는 사람과 소통할 수 있는 책이 되기를 바란다.

2025년 겨울
한자경

'나는 누구인가?' '인간이란 무엇인가?'라는 그 단 하나의
물음에 빠져 있는 것이 꽤 답답하게 느껴질 때가 많았다.
그것은 답이 쉽게 찾아지지 않는 물음, 묻고 또 물어도 미
로를 헤매듯 답이 보이지 않는 물음, 그렇지만 그 문제만
해결되면 인생의 의미와 우주의 신비가 다 밝혀질 것 같아
끝까지 붙잡고 있을 수밖에 없는 물음이었다. 그 물음은 내
게 화두話頭가 되어 30년 넘게 나를 철학 공부로 내몰았다.

답이 보이지 않을 때는 가끔 회의가 밀려오기도 했다. 이
물음이 과연 인간의 사유와 인간 이성의 힘으로 풀릴 수 있
는 물음인가? "너 자신을 알라!"라는 델피의 신탁에 충실
했던 소크라테스도 '무지의 지'를 고백했고, 20세기의 뛰

어난 철학적 지성 비트겐슈타인도 "말할 수 없는 것에 대해서는 침묵해야 한다"고 말했다. 지혜의 화신 장자도 "득의망언得意忘言"을 말했고, 선종의 초조 달마도 "언어도단言語道斷"을 주장했다. 그런데 개념적 사유, 분별적 사유로써 과연 진리에 이를 수 있을까? 머리로 하는 철학이 과연 존재를 밝히는 빛이 될 수 있을까? 적지 않은 시간 동안 개념적 사유로써 개념 너머를 생각하고, 철학으로써 철학 너머를 꿈꾸어 왔다.

그것이 사교입선捨敎入禪의 염원이었을까? 불교를 공부하면서도 단지 책상머리에 앉아 교敎에만 전념할 뿐 온몸으로 정진하는 선禪을 행하지 못함이 늘 마음에 걸렸었다. 언젠가 나도 화두를 들고 선 수행을 해보고 싶은 마음, 나를 진리의 세계로 이끌어줄 선지식을 만나고 싶은 마음이 간절했다. 그러던 어느 날 마치 운명처럼, 마치 선물처럼, 내게 그런 기회가 왔다. 수불스님의 간화선 집중수행에 참여하게 된 것이다.

이 책은 그런 인연으로 체험한 선 수행의 기록이다. 글은 세 부분으로 되어 있다. 1부와 3부는 6개월의 차이를 두고 각각 부산 안국선원과 해남 미황사에서 7박 8일의 집중수행 기간에 바로 그 자리에서 쓴 것이고, 그 사이에 있는 2부는 미황사에 가기 전에 썼던 것을 후에 조금 손을 본 것이다. 본래 이 글들은 수행하는 과정에서 내 마음을 정리하고자 나 자신을 위해 일기처럼 썼던 것이다.

미황사에 다녀온 후 1부와 3부의 수행기를 우연한 기회에 송암스님에게 메일로 보내드렸는데, 그때 송암스님이 이 글을 출판하는 것이 어떻겠냐고 제안하셨다. 한국에 위빠사나 수행기는 적지 않게 있지만, 선 수행기는 거의 없으니 이 글이 선 수행하는 누군가에게 도움이 될 수도 있지 않겠냐는 것이었다. 글이 수불스님과 미산스님을 중심으로 전개되기에, 이 글을 출판해도 괜찮겠냐고 미산스님에게 말씀드린 지 3년의 시간이 흘렀다. 수행이 아직 완성되지도 않은 단계에서 순전히 개인적 체험을 공식적으로 드러내는 것을 염려하시는 것 같았다.

그렇게 잠자고 있던 원고가 이제야 세상에 나오게 되었다. 그런데 이 글이 과연 세상에 내놓을 만한 글일까? 나는 내가 느끼고 생각한 바를 있는 그대로 솔직하게 기술했지만, 이것이 혹 누군가에게 부담이 되거나 누가 되지는 않을까? 이 글에서는 수불스님, 미산스님, 혜민스님, 버스웰 교수 그리고 또 많은 사람이 모두 실명으로 거론되고 있다. 그 모든 기술은 다 내 마음에 비치고 내 마음이 그려낸 그들의 모습일 뿐이다. 잘못이 있다면 내가 잘못 보고 내가 잘못 판단한 탓일 것이다. 이 책은 나의 느낌과 생각, 주관적인 판단과 해석으로 이루어진 글이기 때문이다.

간화선이 궁금한 사람, 철학과 종교, 이성과 영성을 하나로 연결하고 싶은 사람, '나는 누구인가?' '시체를 끌고 다니는 그자는 누구인가?'의 물음을 벗어날 수 없는 사람, '주인공' 내지 '이뭐꼬'의 화두에 사로잡혀 있는 사람, 그런 사람에게 말을 건네고 그런 사람으로부터 말을 듣는 그런 책이 되었으면 싶다.

2013년 가을
한자경

2부 안국선원 이후 미황사 가기까지

3부 해남 미황사에서의 7박 8일

수불선에 대하여

화두로 촉발된 의심의 유지

수행 첫날 수불스님께서 화두話頭를 주신다. 손가락을 탁 튕기면서 '누가 하는 것인가?'를 묻는데, 그게 화두이다. '화두를 본다'는 뜻의 '간화선看話禪' 수행에서 화두는 수행자를 의심으로 몰아넣는 어떤 단어 또는 문장을 말한다. 화두는 일상의 개념적·분별적 사유가 멎어버리는 상황으로 수행자를 몰아넣고, 수행자는 그러한 사유의 한계 상황에서 일어나는 의문과 의심에 직면하게 된다. 위의 질문에 '나' 또는 '내 마음'이라고 답하려다가 그것이 단지 빈 단어일 뿐 그 실상을 알지 못함을 직감하는 순간, 의심에 사로

잡히게 된다. 그게 화두에 걸리는 것이다. "모든 중생에게 불성이 있다"는 말을 듣고 "그럼 개에게도 불성이 있습니까?"라고 던진 질문에 스승이 "없다"고 말하면, 그 '없음'이 화두가 된다. 기존의 주장과 논리적으로 맞지 않아 합리적 사유가 막혀버림으로써 갑갑함과 의문에 빠지게 된다. 그렇게 일상의 사유를 흔들어 수행자를 의심으로 몰아놓는 단어나 문장이 화두이다.

화두를 들 때 주의해야 할 점으로 수불스님께서 강조하는 것은 두 가지이다. 첫째, 화두의 답을 찾으려고 할 뿐, 물음을 반복해서 묻지 말아야 한다. 수학 문제를 풀 때, 문제를 한 번 읽고 나면 답을 찾을 궁리만 하듯, 문제 아닌 답을 찾아야 한다. 문제를 듣고서 궁금증과 의심이 생기면, 화두에 제대로 걸린 것이다. 즉 문제를 바로 안 것이다. 그 다음은 답을 찾고자 그 궁금한 상태, 갑갑한 느낌, 의심을 계속 유지해야 한다. 둘째, 생각을 통해서 답을 찾으려고 하지 말아야 한다. 생각으로 찾으면, 이미 형성된 개념적 사유의 틀을 따라 움직이므로 생각 밖으로 나오지 못한다. 간화선은 사유의 벽을 뚫고 그 밖으로 나가보는 것이므로, 답을 찾되 개념을 따라 생각하지 말고, 대신 갑갑한 의심 상태를 끝까지 유지해야 한다. 화두의 답을 찾을 때는 머리로 생각하지 말라는 뜻에서, 목 위는 없고 목 아래만 있다고 여기면서 답을 찾으라고 말하기도 한다.

생각을 따르지 않고 갑갑함과 의심을 유지하기는 쉽지 않다. 끊임없이 생각이 일어나기 때문이다. 화두에 걸리는 것이 과연 무엇인지 막막하게 느껴질 수도 있다. 그러나 생각이 딱 막히는 순간의 의미를 우리가 전혀 모르는 것은 아니다. 손가락을 튕기는 것은 바로 '나'라고 생각하다가, '근데 그 나가 과연 뭐지?'라고 의문을 떠올리는 순간 사고가 막힌다. '나'가 뭘까? '나'라는 단어 말고 그 단어가 지시하는 그 '나'가 과연 뭘까? 궁금하고 답답하긴 한데, 답은 주어지지 않는다. 더 흔한 경험은 이런 경우이다. 모임에서 누구를 마주쳤는데, 분명 아는 사람인데 이름이 생각나지 않는다. 생각이 멈추는 순간이다. 이름이 뭐더라? 궁금하고 갑갑해진다. 그렇게 물음은 있는데 답은 안 찾아져서 몹시 궁금하고 갑갑한 마음 상태를 계속 유지해야 한다. 이것이 화두에 걸리는 것이다. 화두를 든다는 것은 그 의심을 계속 유지하는 것이다.

그렇게 오롯이 의심을 유지하다 보면 의심이 특정한 감정으로 바뀌는데, 그것이 의정疑情이다. 그리고 그 의정에 사로잡혀 있다 보면, 온몸이 통째로 의심덩어리로 바뀌는데, 그것이 의단疑團이다. 화두로 인해 촉발된 의심을 의정으로 바꾸고 그것을 다시 의단으로 몰고 가는 것이 화두를 드는 것, 화두를 참구하는 것이다.

은산철벽의 등장과 화두타파

화두에 걸려 의심이 일어나면 처음에는 생각도 계속 따라 일어나기 때문에, 생각을 따라가지 않고 생각 밖에서 갑갑함의 감정을 계속 유지하기가 쉽지 않다. 의심을 끝까지 유지하려고 노력해도 그 끝이 보이지 않으니까, '나는 왜 잘 안되지?' 하는 회의와 좌절감까지 밀려와 마음이 복잡해진다. 그 절망과 좌절을 넘어서게 하는 힘은 끝내 화두를 타파하리라는 믿음 그리고 그렇게 화두를 걸어주고 화두참구 과정을 지켜봐주는 선지식에 대한 믿음인 신심信心에서 온다. 그 힘으로 죽어라 버텨나가다가 주변의 다른 사람에게서 뭔가 색다른 모습을 보이면, 그때는 '남들은 다 되는데 왜 나는 안 되지?'라는 분심憤心이 일어나기도 한다. 그렇게 신심과 분심에 힘입어 의심을 끝까지 밀어붙여야 한다.

의단으로 뭉친 갑갑함이 점점 더 강해지다 보면, 어느 순간 끓어오르는 물처럼, 타오르는 불처럼, 옥죄어오는 벽처럼, 견디기 힘든 압박감을 느끼면서 막바지에 이르게 되는데, 이것을 의심덩어리 의단이 부딪히는 '은산철벽銀山鐵壁'이라고 한다. 은과 철로 된 장벽, 통과할 문도 없고 뒷걸음칠 수도 없는 벽, 그렇게 나를 가두고 옥죄고 힘들게 만드는 벽, 장애가 나타난다. 장벽에 갇혀 옴짝달싹할 수 없게 된 상태에 이르면, 그때가 가장 힘들고 절망스러운 때이지만, 바로 그때가 새 소식이 도착하기 바로 직전의 결정적 순간이다. 그때도 굴하지 않고 끝까지 밀어붙여야 한다. 그러면 그 철옹성 같던 장벽이 거짓말처럼 한순간에 무너져 내리는 경험을 하게 되는데, 이것을 '화두타파話頭打破'라고 한다.

은산철벽이 무너지는 화두타파의 순간, 사람들이 보이는 모습은 다양하다. 갑자기 큰 괴성을 지르기도 하고, 몸에 심한 진동을 일으키기도 하며, 펑펑 울기도 하고, 크게 소리 내 웃기도 하는 등, 외적으로 일상과는 전혀 다른 모습을 보인다. 또는 내적으로 눈앞에 온갖 상이 나타나기도 하고, 불현듯 심연에, 바닥없는 나락에, 깊은 어둠에 빠져드는 느낌이 들기도 한다.

그런데 이런 순간이 지나고 나면 순식간에 완전히 새로운 국면에 접어든다. 지금까지의 갑갑한 의심과 철통같은 장벽이 온데간데없이 사라지고, 마음과 몸이 바람처럼 자유롭고 새털처럼 가볍게 느껴진다. 마음이 구름 한 점 없는 맑은 하늘과 그대로 계합하는 느낌이랄까? 주객의 분별, 자타의 분별을 넘어, 온 천하 만물과 그대로 하나 되는 느낌이 된다. 저절로 자비의 마음이 흘러넘치고 존재의 행복감과 평안함에 머물게 된다.

선지식의 점검과 조언

수불스님의 간화선 집중수행에서는 수행 시작 후 3, 4일 만에 이런 체험을 하는 사람도 있고, 아니면 며칠 더 걸려 끝에 가서 화두타파를 하는 사람도 있다. 일단 체험하게 되면 본인이 직접 느낀다. 마치 강력한 태풍이 평지풍파를 일으켜 온갖 쓰레기를 다 걷어내고 난 뒤 평생 처음 되찾은 무구無垢와 평화의 땅에 첫발을 내딛는 듯한 느낌, 갓난아기로 새로 태어나는 듯한 느낌이다. 그렇지만 그것이 정말 화두참구와 화두타파의 체험인지 아닌지는 수불스님이 면담 자리에서 직접 점검하여 판단을 내리신다. 통과한 사람에게는 더 이상 화두를 들지 말고 대신 자신의 마음을 깨어

관찰하는 '각찰覺察'과 인연 따라 번뇌가 일어날 경우 다시 내려놓는 '방하착放下着'을 할 것을 권하고, 통과하지 못한 사람에게는 다시 선방에 가서 화두를 들라고 권한다. 두 번의 참여를 통해 내가 경험한 바로는 참여자의 절반 이상이 나름의 체험을 하고, 수불스님과의 면담을 통해 통과 판정을 받는다.

점검의 자리에서 수불스님은 통과했을 경우에도 수행 과정에서 마음에 떠올랐던 것들에 대해 크게 의미를 부여하지 말라고 말씀하신다. 수행 과정에서 경험한 것이 모두 수행자 자신의 마음이 그려낸 것이기 때문이다. 마음에 떠오른 상相이나 신체적 반응, 은산철벽까지 그 전체가 결국은 자신의 마음속에 쌓여 있던 무의식적 침전물인 업장業障이 불현듯 의식 수면 위로 올라와서 수행자를 사로잡은 것이라고 할 수 있다. 자기 마음이 스스로 만들어놓은 장애가 은산철벽으로 세워진 것이다. 그러므로 수행 중 은산철벽이 무너지는 순간은 곧 수행자가 자신이 쌓아놓은 장애 너머로 나아가는 초탈超脫의 순간이라고 할 수 있다. 초탈은 한계 밖에 영원히 안주함이 아니고 한순간의 외출이다. 그렇지만 자신이 있어야 할 본래 자리가 어디인지를 분명하게 각인刻印하는 탈시간적 순간이다. 장애가 어둠이고 무명이라면, 은산철벽이 무너지는 화두타파의 순간은 곧 한 찰나의 밝음, 빛의 순간이다. 그 빛으로 나아가는 순간이 곧 견성見性과 돈오頓悟의 순간이다.

그럼에도 수불스님께서는 통과한 자에게 자신이 뭔가 대단한 것을 성취한 것처럼 상相을 내지 말라고 말씀하신다. 자신의 업장을 본 것이니 대단할 게 없다는 것이다. 마음속에 본래 있던 것을 본 것일 뿐이다. 화두타파의 순간, 분별의식의 한계 너머 마음의 본래 자리에서 눈을 떠 그 빛으로 마음속 장애를 보게 되지만, 그 자리 또한 마음의 본래 자리일 뿐이니, 새로운 것이 없다. 눈뜨지 못했을 뿐 마음은 본래 그 자리에 항상 있어왔기 때문이다. 오히려 마음의 본래 자리에서 한번 눈뜸으로써 무의식에 쌓인 번뇌들이 수행 이전보다 의식에 더 잘 드러날 수 있다. 그러니 마음에 떠오르는 것들을 늘 조심스럽게 들여다보고, 깨어서 알아차리고 면밀히 관찰하면서 그것에 끌려다니지 말아야 한다. 늘 맑은 정신으로 깨어 있으라는 것이다.

간화선 집중수행을 마치는 회향식에서 점검에 통과한 사람들이 "이제는 어떻게 살아야 하나요?"라고 물으면, 수불스님은 "그냥 잘 살면 된다"고 말씀하신다. 누구나 물 마실 줄 알아서 물 마시고 살 듯이, 그냥 살면 된다는 것이다.

끊임없이 사량분별하여 취사선택하려는 의지적 힘을 빼는 것, 시절인연의 흐름에 나를 맡기는 것, 그것은 '될대로 되라'는 식의 방임이나 포기가 아니고, 엄청난 수준의 마음 비우기인 무심無心의 수행이다. 무심이 되어야 돈오 후의 수행인 각찰과 방하착을 제대로 할 수 있다.

간화선의 작동 원리

대승 이전의 불교 수행은 중생의 마음속 탐진치를 없앰으로써 비로소 번뇌와 장애가 없는 부처가 되는 것, 여래심을 얻는 것을 목표로 했다면, 대승은 그렇게 해서 얻고자 하는 여래심이 사실은 이미 오래전부터 중생 안에 내재된 중생의 본래 마음이라는 것, 중생은 이미 부처라는 것을 강조한다. 중생이 부처가 되고자 함은 중생이 본래 부처이기 때문임을 간파한 것이다. 따라서 대승 수행의 핵심은 중생이 번뇌를 없애 부처가 되는 것에 있지 않고, 오히려 번뇌가 있어도 중생은 이미 부처라는 것을 깨닫는 것에 있다.

그렇다면 '중생즉부처'의 깨달음은 어떻게 성취될 수 있는가? 달마대사로부터 시작된 당나라 선종禪宗의 신수神秀

(606-706)는 본래 부처임을 깨닫기 위해 번뇌를 열심히 닦아야 한다고 주장했지만, 혜능慧能(638-713)은 본래 마음은 번뇌가 붙을 수 있는 일물一物이 아니기에, 그 마음을 둘러싼 번뇌가 있든 없든 상관없이 자신의 본래 마음을 홀연히 깨달을 수 있다고 역설했다. 번뇌를 닦는 것은 점진적 수행인 점수漸修이고, 번뇌 너머 무구의 마음을 깨닫는 것은 홀연한 깨달음인 돈오頓悟이다. 혜능 이후 선종은 돈오를 추구하며, 스승은 제자의 돈오를 위해 일상적인 분별적 사유 너머로 제자를 몰고 가는 문답을 주고받는다. 선문답이나 방棒, 할喝 등의 장치로써 스승은 제자가 불현듯 마음의 본성을 깨닫는 견성에 이르도록 돕는데, 이런 수행법을 조사선祖師禪이라고 한다. 북송 말 대혜大慧(1089-1163)가 창안한 간화선은 조사선의 문구인 화두를 이용하어 의심을 걸어 단박에 본성을 깨닫게 만드는 수행법이다. 고려의 지눌知訥(1158-1210)은 간화선이 깨달음에 이르는 '가장 빠른 길'인 '경절문徑截門'임을 강조했다. 스승은 화두를 걸어 제자를 의심에 빠뜨리며, 제자는 그 의심을 끝까지 밀어붙임으로써 자신의 본래면목을 깨닫는 견성에 이른다.

간화선은 어떤 기제로 작동하는 것일까? 대승이 강조하는 '중생즉부처'는 중생에게 번뇌에 물든 중생심뿐만 아니라 번뇌 너머의 여래심이 함께함으로써 성립한다. 중생의 본래 마음은 무구의 여래심인데, 그 마음 안에 오랜 세월 동안 분별적 업業으로 인한 갖가지 침전물이 축적되면서 거기 묻어 있는 때와 번뇌가 마음 바탕을 가리기에, 우리가 자기 마음의 실상을 여실히 알지 못할 뿐이다. 업으로 인한 축적물들이 쌓여서 우리의 의근意根을 형성하는데, 그것이 바로 우리의 개념체계를 이루는 분별적 사유 틀(인지 틀)이며, 그 구체적 결과물이 우리의 뇌신경회로망이다. 우리의 일상적인 의식의 분별적 사유는 언제나 그러한 인식 틀을 따라 그 안에서 움직이므로, 우리는 그 틀이 자신의 본성을 가리는 장애라는 것을 알아차리지 못한다.

화두에 걸린다는 것은 우리의 일상적인 분별적·논리적 사유의 한계에 부딪혀 일어나는 의심을 붙잡는 것이고, 화두를 든다는 것은 그렇게 붙잡힌 의심을 끝까지 놓지 않고서 그 의심의 힘으로 인식 틀의 벽을 뚫고 나오게끔 밀어붙이는 것이다. 한마디로 간화선은 의심을 유지함으로써 과거의 업으로 인해 축적된 분별적 사유 틀에서 벗어나 그 틀 바깥으로 나가보려는 노력이다. 분별적 사유 틀 바깥으로 나가야 비로소 번뇌에 물들지 않은 마음의 본래 자리에서 자신의 청정한 본성인 본래 마음을 확인할 수 있기 때문이다. 벽 안에서 사유 틀의 회로를 따라 움직이다 보면 그 사유 틀이 장애로 느껴지지 않지만, 작정하고 그 틀 바깥으로 나가고자 하면 그때는 그 인지 틀이 우리의 자유로운 마음의 활동을 방해하고 인지 틀 밖으로의 출입을 가로막는 철벽으로 등장한다. 의심의 막바지에 부딪히게 되는 은산철벽이 바로 이 벽이다. 늘 있던 벽인데, 평상시에는 그 벽 안에서 움직이므로 그것이 장애인 줄 모르다가, 그 벽 바깥으로 나가려고 하니까 은산철벽으로 등장해 가로막는 것이다.

의심을 끝까지 밀어붙여 은산철벽이 무너지고 화두가 타파되는 순간이 바로 수행자가 자기 마음의 오래된 습習인 사유 틀 바깥으로 튕겨 나가는 순간이다. 업과 습으로 형성된 사유 능력인 근根의 제한성, 즉 자아중심적이고 인간중심적인 인지 틀 바깥으로 튕겨 나가는 것이다. 그렇게 튕겨 나간 그 자리가 바로 근의 제한성 너머의 자리, 과거의 모든 습과 장애를 벗어난 자리이며, 바로 마음의 본래 자리이다. 그곳은 어떠한 번뇌도 거기에 붙을 수 없는 '본래무일물'의 허공, 빈 마음의 자리이다. 그래서 화두타파의 순간 수행자는 엄청난 자유로움을 느끼고, 모든 장애로부터 벗어나 새털처럼 가벼워짐을 느낀다. 또한 자아중심적 관점에서 벗어남으로써 모든 살아 있는 것에 대한 동체대비同體

大悲의 느낌이 몰려온다. 우리의 일상적 분별 의식은 그 자신의 인식 틀을 따라 끊임없이 선과 악, 호와 오, 자와 타, 주와 객을 분별하지만, 화두타파의 순간 마음은 그러한 분별적 인식 틀 너머로 나아가 마음의 본래 자리에서 눈뜸으로써 일체의 분별을 넘어선 평정한 마음 상태가 된다. 따라서 자타분별, 주객분별을 넘어 일체 존재를 나와 하나로 느끼며, 일체를 하나로 포용하게 된다. 이 마음이 바로 우리의 본래 마음인 일심一心이자 여래심如來心이며, 본래 부처의 성품인 불성佛性이고 여래장如來藏이다. 마음 본래 자리에서 자신의 본래 성품을 직접 보는 것이 바로 견성이며, 이때 마음은 자신이 본래 일심이고 여래심이라는 것, 중생이 곧 부처라는 것을 깨닫는다.

간화선의 특징을 드러내기 위해 이런 비유를 해볼 수 있다. 맑은 물이 가득 담긴 통 안에 돌멩이들이 들어차 있다고 해보자. 통 속 돌멩이들은 과거의 경험, 업으로부터 침전된 찌꺼기들, 일정한 인식 틀 내지 묵은 감정이나 트라우마에 해당한다. 평상시 우리의 의식은 수면 위 내지 돌멩이들 위의 표층에 머무르면서 그 돌멩이들의 움직임을 따라 흔들린다. 그래서 마음 깊은 곳, 마음 바닥의 깊이, 마음 본래의 비어 있고 고요한 실상을 알지 못한다. 간화선은 그 마음의 본래 자리인 마음 바탕으로, 심층으로 내려가고자 하는 노력이다. 표면에서 출발하여 마음 본래 자리인 바닥으로 가려니까, 의식은 무수한 돌멩이와 부딪히게 된다. 즉 의식 아래 무의식을 채우는 무수한 장애나 벽을 마주치게 된다. 심층마음의 본래 자리로 나아가려면 무의식의 침전물을 통과해야 한다.

정신분석학이나 분석심리학 또는 상담심리학 등에서도 내담자는 자신의 무의식 안의 트라우마를 의식화하면서 그것을 넘어서려고 한다. 그것은 곧 마음을 무겁고 힘들게 만드는 돌멩이에 주목하면서, 그 돌멩이의 내용을 분석하고 그 묵은 내용을 해체하며 녹여내면서 본래 마음을 회복하려고 하는 것과 같다. 즉 돌멩이처럼 뭉쳐 있는 트라우마를 의식으로 끄집어내어 그 내용을 분석하고 이해해서 녹여내려는 것이다. 그러므로 그 해체 과정은 매우 긴 시간이 걸리고, 그 내용을 분석하고 해체할 수 있는 전문가가 필요하다.

반면 간화선은 돌멩이에 부딪혀도 그 내용을 분석하거나 분별하지 않는다. 어떤 생각, 어떤 감정이 떠올라도 거기에 매달려 있지 않고 그냥 돌아선다. 즉 통의 바닥에 이르기 위해 돌멩이를 하나씩 하나씩 의식 위로 건져내어 녹이고 없애는 방식을 취하는 것이 아니라, 그냥 돌멩이 사이에 있는 빈틈을 따라, 돌멩이들 사이로 미끄러져 바닥으로 내려가는 것이다. 즉 돌멩이에 주목하는 것이 아니라, 돌멩이가 없는 빈틈, 돌멩이 사이를 주목하는 것이다. 장애물 경기를 할 때 선수가 장애물을 주시하지 않고 장애물이 없는 빈자리를 주시하는 것과 같다. 그렇게 빈틈을 타고 내려가니까, 짧은 기간인 7일 안에도 일을 마칠 수 있는 것이다.

생각으로 참구하지 말라는 것은 생각을 따라가지 말라는 것이다. 생각이 떠오르면 얼른 그걸 알아차리고, 그 생각 밖으로 나오면 된다. 그건 바로 그 생각을 멈추라는 말이다. 현재 내게 일어난 그 생각을 멈출 뿐, 아예 모든 생각을 멈춘다는 것은 불가능하다. 한 생각을 멈추면 또 다른 생각, 또 다른 망상이 계속 일어나기 때문이다. 마음 바닥으로 내려가려면 무수한 돌멩이에 부딪히게 되듯이, 생각이 안 일어날 수가 없다. 그러니 생각이 안 일어나기를 바라지 말고 그저 부딪히면 넘어가고 또 부딪히면 넘어가기를 반복하면서 미끄러져 내려가야 한다. 중간에 망상에 걸리거나 돌멩이에 낚이지 않고 계속 그 사이를 타고 내려가야 한다. 결국 언젠간 바닥에 이를 수 있다는 믿음, 바닥없는 바닥의 빈 마음, 본래 마음에 이르리라는 믿음을 갖는 것이 중요하다. 빈틈을 타고 내려가는 과정에서 계속 돌멩이에 부딪히고 막혀 나아가기가 힘들어지면 갑갑하게 되는데, 그것이 바로 의심이 의정이 되고 의단이 되어, 결국 은산철벽이 나타나게 되는 과정이다. 그러니까 안 된다고 여겨질 때가 바로 제대로 하고 있는 때이다. 빈틈은 이어져서 결국 바닥으로 내려오게 되고, 그러면 은산철벽은 무너진다. 그때 마음이 그 바닥에서, 마음의 본래 자리에서 눈을 뜬다. 그 순간이 화두타파의 순간, 마음이 편안해지는 순간이다. 견성한다는 것은 결국 본래 마음의 성품을 보는 것, 마음 바닥에서 눈뜨는 것을 의미한다.

수불선의 의의

간화선 수행이 말해주는 것은, 우리 마음 안에 염오의 번뇌나 장애가 있어도 본래 청정한 마음의 본성을 깨달을 수 있다는 것이다. 즉 마음의 본성은 그 안의 번뇌를 다 닦아내고 덜어내야 비로소 볼 수 있는 것이 아니라, 번뇌가 있어도 볼 수 있다. 통 안에 돌멩이가 들어 있어도 마음의 눈이 바닥에 이를 수 있는 것과 같다. 그런데 번뇌가 있어도 본성의 깨달음이 가능하다는 것은 곧 본성을 깨달아도 번뇌는 그대로 남는다는 것을 뜻한다. 즉 마음이 바닥에 이르러 거기에서 눈뜬다고 해서 그 위의 돌멩이들이 한순간에 모두 다 사라지는 것은 아니다. 견성을 해도 번뇌는 남으므로, 그 번뇌들을 제거하는 점진적 수행인 점수가 필요하다. 본성을 깨닫는 돈오가 선행하고, 그 뒤에 번뇌를 없애가는 점수가 뒤따라야 한다.

이와 같은 돈오-점수의 구도는 《대승기신론》에서도 그대로 발견된다. 돈오에서 자기 본성을 알아차리는 깨달음은 그 본성을 증득하는 궁극의 깨달음과 유사할 뿐, 동일하지 않기에 《대승기신론》에서는 이를 '상사각相似覺'이라고 부른다. 그리고 돈오 이후에 남아 있는 번뇌를 점차적으로 없애나가는 과정에서의 깨달음을, 수행이 완성되는 분分을 따라 일어나는 깨달음이라는 뜻에서 '수분각隨分覺'이라고 한다. 이 단계가 완성되어 번뇌가 모두 멸하면 드디어 활연관통하는 궁극적 깨달음인 '구경각究竟覺'에 이르게 된다. 상사각은 견도見道상의 깨달음이기에 '해오解悟'라고 하고, 구경각은 수도를 거쳐 부처가 되는 단계에서 불성을 증득하는 깨달음이기에 '증오證悟'라고 한다. 이 과정을 화엄에서의 신해행증信解行證의 과정과 함께 배대하여 정리하면 다음과 같다.

신信 → 해解 → 행行 → 증證

불각不覺　　상사각相似覺　　수분각隨分覺　　구경각究竟覺

해오解悟　　　　　　　　　　　　증오證悟

견도見道 → 수도修道

돈오頓悟 → 점수漸修

견성見性　　　　　　　　　　　　성불成佛

한국의 조계종은 오래도록 보조 지눌의 정신을 계승해왔다. 지눌은 마음에 번뇌가 있는 중생이라고 해도 그 마음의 본성은 청정무구한 여래심이며, 따라서 누구나 청정무구한 자기 본심을 깨달아 알아차릴 수 있다고 보았다. 그것이 바로 자기 본성을 보는 견성이고 본래 마음을 깨닫는 돈오이다. 그러고 나서 습으로 남아 있는 번뇌를 제거하는 점수가 요구된다. 이렇게 지눌의 보조선은 '돈오점수'를 주장한다. 그러면서도 강조점을 견성인 돈오에 두어, 수행은 반드시 돈오에 기반한 수행, 즉 '깨달음 이후의 수행'인 오후수悟後修여야 한다고 논했다.

　그런데 돈오의 깨달음에 큰 의미를 부여하다 보면, 돈오의 순간을 부처의 경지에 이른 것으로 착각할 수가 있다. 진속불이眞俗不二, 성상불이性相不二의 이념에 기대어 일체 현상을 모두 불성의 드러남이라고 여겨 현실에 안주하고 막행막식莫行莫食하면서, 마치 부처의 무애행無碍行인 듯 천하를 속이며 지계持戒와 수행을 게을리하는 타락의 길로 빠지는 것이다.

이처럼 수행으로 나아가지 않는 돈오의 위험성을 간파하고 진정한 깨달음은 해오가 아니고 수행을 거쳐서 더 이상 닦을 것이 없는 상태에서의 깨달음, 즉 증오로서만 성립한다고 주장한 사람이 바로 성철性徹스님(1912~1993)이다. 앞으로 더 닦아야 할 것이 남아 있는 상태에서의 깨달음은 진정한 깨달음이 아니며, 그것은 반드시 수행이 이미 완성된 상태에서의 깨달음이어야 한다고 본 것이다. 즉 깨어서는 동정일여動靜一如가 되고, 잠들어서는 오매일여寤寐一如, 즉 몽중일여夢中一如와 숙면일여熟眠一如가 되는 그런 경지까지 나아간 상태에서의 깨달음이 진정한 깨달음이라고 본 것이다. 이처럼 자신의 본성을 깨닫는 해오를 부정하고 점수를 거쳐 수행이 완성된 상태에서의 증오만을 깨달음으로 간주하면, 증오로서의 돈오의 순간이 더 이상 닦아야 할 것이 없어 돈수頓修의 순간이 된다. 이와 같이 성철은 '돈오돈수頓悟頓修'를 내세워 지눌의 돈오점수를 비판했다.

그러나 점진적 수행에 앞선 자기 본성의 깨달음인 견성

과 돈오를 부정하는 것은 더 큰 문제를 야기한다. 지눌이 점수에 앞선 돈오를 강조한 것은, 그러한 자기 본성의 깨달음이 그 이후 이어질 수행 과정을 위한 내적 추진력을 제공하고 앞으로 나아갈 방향성을 제시하기 때문이다. 견성은 내가 앞으로 운전할 차에 기름을 넣고 내비게이션을 켜는 것 또는 북극성의 방향을 확인하는 것과 같다. 견성에서 내적 추진력과 방향성을 확보하지 못한다면, 차를 아무리 열심히 몰려고 한들 과정은 고되고 결과는 위태로울 뿐이다. 성철스님이 점수에 앞선 돈오를 수행이 완성되지 않았다는 의미에서 과소평가하며, 깨달음을 해오가 아닌 구경각으로서만 인정한 것은 결국 견성 이후의 수행 과정 자체를 파행으로 이끌어갈 위험성을 내포한 것이다. 성철스님의 의도는 돈오를 해오기 이닌 구경각의 자리로 옮겨놓음으로써 수행자로 하여금 해오에 머무르지 않고 구경각에 이르기까지 끊임없이 수행 정진하게 하려는 것이지만, 결과적으로는 견성에서 얻어야 할 내적 추진력과 방향성을 확보하지 못함으로써 수행 과정 자체가 더 어려워지는 문제가 있다.

　수불선은 이 문제를 해결한다. 수불선에서 7박 8일간 화두를 드는 간화선은 자신의 본성을 직관하는 견성으로서의 돈오를 위한 수행법으로, 앞으로의 점진적 수행 과정과 궁극의 깨달음에 이르기까지의 전 과정을 위한 내적 추진력과 방향성을 제공해준다. 집중수행의 체험을 통해 우리가 깨닫는 것은 분명 자기 내면의 본성이다. 견성에서 확인한 그 본성이 빛이 되어 그다음 번뇌를 멸해가는 수행 과정에서 나를 이끌어가는 힘이 된다. 그 빛에 힘입어 '자등명自燈明 법등명法燈明'을 실천할 수 있게 되는 것이다. 그러므로 집중수행의 간화선은 견성으로서의 돈오를 위한 과정이다. 그 깨달음에 의거해서 그다음 내 안의 번뇌를 알아차리고 멸해가는 점수가 가능하고, 결국은 구경각으로 나아갈 수 있게 된다. 지눌과 성철과 수불의 개념 규정의 차이는 다음과 같이 정리될 수 있다.

신 →	해 →	행 →	증
불각	상사각	수분각	구경각
보조선:	견성/돈오 →	점수	
성철선:			돈오=돈수
수불선:	견성/돈오 → 점수: 각찰+방하착		

수불스님의 집중수행에서 화두타파의 순간 자신 안에서 지혜와 자비의 마음을 느끼게 되는 것은 자신 안의 진여심이

의식을 청정하게 물들이는 '진여훈습眞如薰習'에 해당한다. 자신 안의 진여를 일깨우는 힘이 바로 수불스님의 법력일 것이다. 그렇게 호법을 받으며 자신의 본성을 깨닫고 나면, 그다음은 그 힘에 따라 자신 안의 번뇌들을 닦아 나가야 한다. 그것이 바로 수불스님이 집중수행에 통과한 사람들에게 각별하게 권고하는 각찰과 방하착의 수행이다. 각찰은 자기 마음속에 일어나는 생각들을 깨어서 관찰하는 것이고, 방하착은 일어나는 생각을 알아차리고는 그 생각에 끌려다니지 않고 그대로 내려놓는 것이다. 각찰과 방하착은 표층의 분별 의식의 시선으로 행하지 않고, 마음의 본래 자리에서 눈뜬 그 시선으로 행해야 한다. 마음의 본래 자리로 내려가서 보면, 마음속에 떠오르는 번뇌가 예전보다 더 잘 보이게 된다. 이처럼 마음의 본래 자리에서 한번 눈뜨는 돈오는 깜깜한 곳에 번개가 한번 내리쳐서 한순간 밝아지는 것과 같다. 한순간 밝고 곧 다시 어두워진다고 해도, 주변 전체를 한번 밝게 본 사람과 그렇지 않고 계속 어둠 속을 더듬기만 하는 사람은 다를 수밖에 없다.

간화선 수행이 갖는 힘은 자기 마음의 크기와 깊이를 여실하게 확인하는 것, 그리고 그렇게 함으로써 그 마음속에서 일어나는 지혜와 자비의 소중함을 제대로 아는 것에 있다. 그러면 자신을 괴롭히는 자기 마음속의 번뇌를 스스로 대면할 힘과 용기를 갖게 된다. 살아오면서 알게 모르게 짊어지게 된 무거운 짐, 힘든 번뇌와 고통이 조금은 더 가벼워지는 것 같다. 그 지혜와 자비의 마음으로 보면, 모두가 한마음이라는 것, 그 한마음 안에서 우리가 모두 하나로 소통하고 하나로 공명하며 산다는 것, 그렇게 모두가 '중생즉부처'의 삶을 살고 있다는 것이 보다 확실해진다. 간화선 집중수행을 마치고 나서 10년, 15년 시간이 지나면 지날수록 이런 확신이 더욱 확고해지기에, 이 점을 수불스님께 감사드린다.

현대사회에서 수불선이 갖는 진정한 의미는 그것이 단지 이론적 차원에 머무르지 않고 강력한 실천적 효력을 갖는다는 데에 있다. 놀랄 만한 위신력으로 수많은 사람에게 화두를 걸어 짧은 기간 내에 자기 본성을 깨닫게 하는 것, 견성에 이르게 하는 것이 경탄스럽다. 그렇게 함으로써 간화선이 옛날처럼 상근기의 몇몇 스님만 하는 것이 아니라 나 같은 평범한 속인들도 행할 수 있다는 것을 직접 보여주고 계시니, 그 큰 법력이 놀라울 따름이다. 수불스님의 큰 법력이 널리 알려진다면, 수불선은 한국을 넘어 전 세계인의 마음의 등불을 밝히는 데에 크게 이바지하리라고 본다.

1부
—
부산 안국선원에서의 7박 8일

짐은 하나였지만 꽤 무거웠다. 그것을 들고 택시에서 내려 서울역까지 걸어가는데 가는 눈발이 날렸다. 그다지 춥지 않은 날씨에 작은 눈송이들이 춤추듯 대기를 날아다니는 서울역 앞 풍경이 꽤 아름답게 눈에 들어왔다. 내가 탈 부산행 KTX는 2시 너머 출발이지만, 나는 12시도 되기 전에 서울역 대합실에 도착했다. 근처 카페에 가서 커피와 샌드위치를 시켜 먹으면서 가방에서 《감산의 대승기신론 풀이》를 꺼내 놓았다. 이 책을 읽기 전에 마음을 가라앉히고 내가 부산에서 무엇을 얻기를 원하는지를 생각했다.

내가 원하는 것은 하나다. 전 우주에 편재해 있는 마음, 일체 존재와 하나인 마음, 일체유심조의 심心을 개념적으로가 아니라 생생하게 직관하기를 바랄 뿐이다. 물론 그 마음을 나는 이미 보고 있고 알고 있는 것인지도 모른다. 누구나 본각本覺이 있다고 하지 않는가? 내게 필요한 것은 그냥 일상에서 탐심과 진심을 다스리는 것이 다인지도 모른다. 그러나 왠지 내겐 그게 다가 아닐 거라는 예감이 있다. 내가 본 것, 내가 아는 것이 다가 아니라는 생각, 그런 미련이 남아 있다.

2009년 12월 22일, 오늘은 내가 이 세상에 나온 지 꼭 50년이 되는 날이다. 50년 전 12월 22일에 나는 이 세상에 나왔다. 반백 년 산 인생. 사실 오래 산 것이다. 죽어도 별 아쉬움도 없다. 남겨지는 애들이 걱정될 뿐이다. 그러나 사실 애들조차도 내게 크게 의존하지 않는다는 것을 안다. 이미 돌봄을 받을 나이가 지났다. 매일 부딪히고 다툰다는 것이 그걸 말해준다. 문제는 나다. 깨달음을 구했는데, 궁극에 이르고 싶었는데, 나는 아직도 허공에 부유하고 있다. 지금 내 마음을 채우고 있는 것은 아무것도 없다. 그렇지 않은가? 비어 있다. 그냥 비어 있다. 그래서 늘 기다린다. 생사의 문턱, 그것이 허구든 아니든, 그 지점까지 가고 싶다. 더 이상의 그림자도 망설임도, 회의도 의심도 없는 영지靈知, 지혜를 얻고 싶다. 눈뜨고 싶다. 깨어나고 싶다.

이런 생각을 하다가 2시가 되어 찻집을 나와 약속 장소로 갔다. 거기에서 사람들을 만났다. 박찬욱 선생, 정준영 선생만 아는 얼굴이고 나머지 세 명은 처음 보는 사람들이었다. 윤호균 선생, 성승연 선생, 박성현 선생이라고 소개해주었다. 박찬욱 선생은 우리에게 기차표를 전달해 주고는 일이 있어서 함께 갈 수 없다고 했다. 우리 다섯 명은 곧 기차를 타고 출발해서 5시경 부산에 내려 함께 저녁을 먹고 안국선원을 찾아갔다. 큰길에서 돌아서는 순간, 아주 커다란 건물이 눈에 들어왔다. 바로 안국선원이었다.

8시쯤에 4층 법당에서 간단한 저녁 예불이 있었고, 그 후 우리는 한 방에 모여 앉아 차를 마시며 이야기를 나눴다. 성승연 선생과 박성현 선생은 윤호균 선생의 제자이고, 모두 상담심리 전공자였다. 정준영 선생은 초기불교 전공자로 불교 집안에서 태어나 어려서부터 위빠사나 수행을 해왔던 것 같다. 박성현 선생이 차 대접을 담당했고, 정준영 선생이 위빠사나 수행과 자신의 개인적 삶의 과정 그리고 수행 체험 등에 대해 이야기했다. 그러다가 10시 반쯤 한방을 쓰게 된 성승연 선생과 방으로 돌아와 이런저런 이야기를 조금 나누다가, 다음 날 아침 5시 예불에 참여할 생각으로 4시 반에 알람을 맞춰놓고 잠을 잤다.

화두를 반잡고

7박 8일 일정 중 첫날이다. 아침 5시 예불은 일찍 끝났다. 6시까지 계속 법당에 좌선하고 있다가 내려와 아침 식사 전까지 방에서 다시 《감산의 대승기신론 풀이》를 읽었다. 7시쯤 아침 식사를 하러 가는 길에 미산스님과 마주쳤다. 부산에서 다시 뵙게 되니 무척 반가웠다. 그리고 복도에서 뜻밖에 옛 친구 크리스티나 선생을 만났다. 크리스티나 선생은 예전에 내가 동국대 박사과정에 다닐 때 함께 공부했던 친구였는데, 현재는 미국인 불교학자 버스웰 선생의 아내로서 둘이 함께 7박 8일의 간화선 수행에 참여하러 온 것이었다. 그녀와 간단히 인사를 주고받은 후 식사를 마치고 방에 돌아와 10시 수불스님 법문이 있기까지 성승연 선생과 이야기를 나눴다. 주로 그녀가 상담심리를 전공하게 된 이유, 그녀의 가족 사항 등에 대해 이야기를 들었다.

10시가 다 되어갈 무렵 우리는 3층의 선방에 들어갔다. 옆으로 길쭉한 꽤 큰 방이었다. 가운데에 크지 않은 단상이 하나 있고, 위에 자그마한 불상 하나가 놓여 있었다. 앞쪽에 세 줄쯤 이삼십 명가량의 스님이 앉아 계셨다. 불상을 향해 왼쪽으로 비구니들, 오른쪽으로 비구들이었다. 우리는 그 뒤 마지막 줄에 앉았다.

10시 드디어 수불스님의 법문이 시작되었다. 하루 한 번 한 시간가량의 법문이다. 스님은 우리 모두에게 하나의 화두를 주셨다.

"손가락을 튕겨보십시오. 무엇이 손가락을 튕기게 하는가? 내가 하는 것도 아니고 마음이 하는 것도 아니고 손가락이 하는 것도 아닙니다. 그렇다고 안 하는 것도 아니고 분명 하긴 하는 건데, 그게 무엇이요? 무엇이 손가락을 튕기게 하는가? 나나 마음이 아니라는 것은, 내가 모르는 그 무엇을 그냥 '나'나 '마음'이라고 이름한 것일 뿐이기 때문입니다. 손가락이 하는 것이 아닌 것은 이 손가락이 했다면 내가 죽어도 이 손가락은 여기 있으니 할 수 있어야 할 텐데, 그게 아니기 때문입니다. 그러면 무엇이 이렇게 하게 한 것이요? 누가 하는 것인지를 모르니까 답답합니다. 모른다는 말이 가장 친절한 말입니다. 그게 화두입니다. 화두를 들되, 질문은 내가 던졌으니 답만 찾으려고 하십시오. 그것이 화두를 든다는 겁니다. 문제를 외고 있지 말고 답만 찾으시오. 답을 모르니 답답합니다. 그 답답함을 가득 채우십시오."

아침에 미산스님도 말씀하셨다.

"여기서 해야 하는 것은 화두에 대해 생각하는 것이 아니에요. 의심을 위한 의심, 문제만 되풀이하는 것이 아닙니다. 해야 할 것은 답을 찾는 의심疑心입니다. 답을 몰라서 답답함이 온몸으로 번져나가는 것이 의정疑情이에요. 그리고 그 답답함으로 인해 온몸이 의심덩어리가 되는 것이 의단疑團입니다. 의심이 의정이 되어 답답함이 기득히면, 그때 변화가 옵니다. 그게 가장 중요한 팁이에요."

수불스님이 법문에서 그러셨다.

"마음이라고 하지만, 그건 누가 그렇게 하는지를 모르는 채 그냥 이 이름을 말하는 것일 뿐입니다. 마음을 머리로 생각하는 것이 아니라, 직접 그 마음을 보아야 합니다. 세상을 보는 눈이 눈을 보는가? 안 보는 게 아닙니다. 보는 눈을 보라니까 제 눈을 꺼내서 보면 그건 멍청이나 하는 짓입니다. 눈이 본다고 말하지만, 그걸 스스로 확인해야 합니다. 천안이 열리고 혜안이 열려야 합니다."

그렇다. 나는 그 마음, 일심을 확인하고 싶었다. 우주와 완전히 하나 되는 그 경지를 체험하고 싶었다. 나를 모르는 답답함, 그 답답함을 품고 있을 때 떠오른 생각이다. 우리가 흔히 부처님이라고 부르는 석가모니는 화신불이다. 우주 천지를 만드는 진리 자체는 법신불이다. 법신法身은 진여眞如이고 진여심眞如心이다. 법신은 영靈이고 신神이고 심心이지, 인간의 모습을 한 인격이 아니다. 각각의 모든 중생 안에 그 진여심이 있다. 그것을 깨쳐야 한다. 그것을 깨친 자가 부처이고, 그것을 모르는 자가 중생이다. 그것을 모르는 것이 바로 무명無明이다. 부처가 되지 못하는 것, 내 안의 불성을 모르는 것, 그 무명이 곧 원죄原罪다. 내가 누구인지를 모르는 이 답답함, 무명이 깨쳐지지 않는 한, 나는 신이 아니다. 나는 법신이 되지 못한다. 나를 법신이 되지 못하게 하는 것을 기독교에서는 원죄라고 한다. 이 원죄를 벗은 자가 예수이고 부처다. 그가 곧 법신의 현현이므로, 신이고 화신불이다. 내가 오늘 바로 여기에서 이 무명을 걷어내지 못하는 한, 나는 신이 아니다. 기독교 말대로 우리는 모두 자기를 모르는 무지한 자, 원죄의 인간이다. 원죄는 내 안에 쌓여 있는 업력業力을 말한다. 그래도 내가 불교를 택한 것은 그 법신의 광명이 진여심으로 내 안에 있다고 믿기 때문이다. 진여의 자체지광명自體知光明, 그 빛으로 인해 세상이 그려지고 있다고 생각하기 때문이다.

생각은 거창했으나 그건 단지 생각으로만 이어질 뿐이었다. 생각 너머로 나아가고자 계속 앉아 있었으나, 수면 부족 때문에 졸음이 쏟아졌다. 점심을 먹고 나서 한 시간쯤 잤음에도 여전히 졸렸다. 충분히 자지 않은 내가 한심하고, 졸음과 싸우고 있는 내가 싫었다. 우주와 하나 되기를, 천안이 뜨여 천심과 일치하게 되기를 꿈꾸었지만, 저녁을 먹고는 한두 시간가량 앉아 있다가, 그냥 일찌감치 8시쯤 방으로 돌아와 자버렸다.

화두의 답을 찾아

오늘은 혼침昏沈에 빠지지 않고 열심히 화두만 들리라 생각하며 실컷 자고 일어났다. 아침 예불도 가지 않고 아침밥도 먹지 않았다. 8시가 되도록 푹 잤다. 그리고 씻고 선방에 가서 좌선하고 있다가 10시 법문을 들었다.

"죽어라 매달려야 합니다. 생각이 아니라 답답함이 커져 그 답답함을 뚫고 지나가야 합니다. 개가 한번 덥석 물면 이가 빠지고 턱이 빠져도 절대로 놓지 않듯이, 연어가 죽을 힘을 다해 폭포를 거슬러 올라가듯이, 목숨을 걸고 해야 성과가 있습니다."

점심 후 복도에서 마주친 미산스님이 물으셨다.

"잘 되나요? 의정이 잡히나요?"

"생각이, 잡념이 번지고 잘 안됩니다. 저는 '내가 누구냐? 날 움직이게 하는 것이 무엇인가? 날 생각하게 하는 것이 무엇인가?' 이렇게 묻는데, 그 생각만 계속하게 됩니다."

"그 물음은 수불스님이 이미 던졌으니까, 물음을 생각하지 말고 답을 찾아야 합니다. 답을 알지 못하는 답답함이 온몸으로 번져야 합니다."

그런데 난 생각만 하고 있으니 답답했다. 날 움직이게 하는 것, 날 생각하게 하는 것이 무엇인가? 스님이 내게 손가락을 움직이라고 해서 내가 손가락을 움직이면, 내 손가락을 움직이게 한 것은 날 움직이게 하려고 생각한 스님의 생각이다. 한 생각의 원인은 다른 생각이다. 그리고 그 생각은 또 다른 생각으로 인해 생긴 것이며, 그것은 또 다른 것으로 인해 생긴 것이다. 그렇게 해서 전체가 연결되고 이어지며, 결국 날 움직인 것은 전체이고 공空이다. 그래서 나는 그 공의 마음으로 깨어나, 내가 우주와 하나라는 것을 자각하고 싶었다. 일심을 그냥 생각하는 것이 아니라 체인體認하고 싶었다. 생각을 버리고 답을 찾으라고, 답을 모르고 있는 것에 답답해하라고 하는데, 난 그 답을 미리 생각하고서 그 답의 내용을 직관하기만을 바라고 있었다. 그래서 안되는가 보다. 그래, 생각을 버리자. 내 답이 답이 아닐 수도 있고 개념적으로 안 것은 실제로 안 것이 아니니, 내 생각에 끌려가지 말자.

저녁을 먹고 나서도 계속 앉아 있었지만, 내가 제대로 하고 있는 것인지 아닌지 알 수 없었다. 날 살게 하는 것, 날 움직이게 하는 것이 무엇인가? 답을 모르니까 답을 찾으려하지만, 난 답을 찾기 위해 계속 문제만 욀 뿐이 아닌가?

저녁 9시쯤 잠시 거실로 나왔는데, 선방에서 누군가 갑자기 가슴을 퍽퍽 치면서 소리를 지르고 답답해했다. 답을 직면하지 못하는 답답함에 나는 소리 없이 눈물만 훔쳤는데, 얼마나 더 답답해지면 저렇게 되나? 아, 우리 중생들은 왜 이리도 불쌍한가? 가슴에 사무쳤다.

그때 다시 미산스님을 만났다. 내게 말씀하셨다.

"답답함을 가득 갖고 있으면, 그 답답함이 온몸에 가득 차서 무의식을 흔들어놓고 휘저어놓아요. 그게 장벽으로 나타날 수도 있죠. 그걸 뚫고 나가는 것이 새로운 경험이 됩니다."

말씀을 듣고 나니 문득 생각이 들었다. 그래, 답은 내 몸보다 큰 일심이 아니라, 그 일심을 가로막는 내 몸 안의 무의식이다. 난 나의 신체와 얽혀 있는 무의식을 늘 가볍게 다뤄왔었다. 먼저 그 무의식을 보고 부딪혀야 한다. 그다음부터는 나를 움직이는 것을 찾아 '내 안의 어떤 놈이냐? 넌 누구냐?' 그렇게 물었다. 생각을 멈추고서 마치 담 뒤에 숨은 자를 찾듯이, 내 안에서 그놈을 찾아다녔다. 앉아서 생각을 멈추려 하면, 답답함을 뚫으려 하면, 눈물이 흘렀다.

끝없는 답답함을 안고

아침 법문 시간에 수불스님이 왜 목숨 걸고 하지 않느냐고 호통하셨다. 그때 누군가 목 놓아 울고 통곡했다. '픽' 하는 소리도 나고 누군가 한탄 소리를 내뱉기도 했다. 한 서너 명이 그런 것 같다. 나는 또 눈물을 흘렸다.

아침에 미산스님이 말씀하셨다.

"그냥 답답해하기만 하세요. 여태까지 안 것은 안 게 아니에요. 다 생각으로 안 것입니다. 머리로 생각하지 말고 그냥 온몸으로 답답해해야 해요 그 답답함이 의정이 되고 의단이 되면, 답은 저절로 주어집니다. 절대 분석하지 마세요. 다 마치고 나면 저절로 밝게 분석이 됩니다. 지금 분석하는 것보다 훨씬 더 분명하게 알게 됩니다. 그러니 목 위는 없고 목 아래만 있다고 생각하세요. 머리로 생각하지 말고 온몸으로 그 알지 못하는 답답함에만 그저 집중하면 됩니다."

답답함. 내가 왜 사는지? 내가 누군지? 내가 왜 여기 있는지? 저 스님들이나 나나 우린 다 그 답답함이 익숙한 사람들이다. 그 답답함 때문에 저들은 집을 버리고 출가했고, 나는 철학을 공부했다. 죽음처럼 입 벌리고 달려드는 호랑이에 놀라, 우리는 세간을 벗어난 자들이다. 우리는 놀라서 사는 자들이다. 그 답답함이 몸에 배었다. 내가 언제 답답해하지 않은 적이 있었던가? '나는 누구인가?'라는 물음, 그 화두가 언제 내게서 멀어진 적이 있었던가? 우리는 답답함과 더불어 살면서 거기 익숙해져 버렸다. 나는 입 벌리고 달려드는 그 호랑이를 생각으로 날래왔나 보다. 내가 누구인가를 생각하고 또 생각하고. 그런데 그건 다 다른 사람들의 생각을 읽고 이해하고 흡수한 것이었다. 그 생각으로 그 입 벌린 호랑이의 포악함을 달래왔다. 그렇게 답답함을 길들여왔는데, 이제 생각을 없애고 그 문제를 들고 답답해지라고 하니, 답답하다. 그 문제는 처음 듣는 물음이 아니다. 언제나 들어왔던 화두다. 그 답답함도 처음 밀려오는 답답함이 아니다. 일반 선남선녀를 놀라게 하고 가슴 터지도록 답답하게 만들 화두일 수 있지만, 이미 그 답답함 때문에 출가한 스님들과 그 답답함 때문에 매일 '나는 누구인가?'를 생각하고 글을 쓰는 나를, 단 한 번에 휘어잡을 그런 화두는 되지 못한다. 그게 무슨 활구活句란 말인가?

물론 생각으로 달래온 호랑이는 진짜 호랑이가 아닐 수 있다. 생각으로 안 것은 정말 안 것이 아닐 수 있다. 난 내 생각의 궁극적 귀결점인 일심을 직관하지 못했으니까. 나는 그간 호랑이를 길들여서 결국 죽여버린 것인지도 모른다. 이제 진짜 산 호랑이와 부딪히라는 것이리라. 내가 해온 철학은 개념적 사유일 뿐이다. 실재의 직관은 아니다. 그러나 이건 일심을 직관의 대상으로, 아니면 무의식을 직관의 대상으로 놓기에 가능한 말 아닌가? 그렇다면 내 생각, 내 답이 맞다는 말 아닌가? 아니, 모른다고 치자. 모르지 않는가? 정말 모르지 않는가? 이제 그 둘 다가 답이 아니라고 치자. 새 답을 찾으려고 답답해하고자 했다.

그러나 사람들이 울고 통곡하는 것은 결국 무의식을 보기 때문이 아닐까? 눌러놓은 장애에 부딪혀서 울고 소리치고, 그렇게 함으로써 그 장애를 넘어서기에 감정의 동요가 나타나는 것이 아닐까? 그런데 그런 것은 정신분석이나 상담에서도 나타나는 것이다. 부흥회에서나 단학선원에서도 그런 것을 본 적이 있다. 간화선이 그런 것들과 뭐가 다른 것일까?

생각을 안 하려고 해도 나는 자꾸 생각의 길을 따라갈 뿐이었다. 지금까지 수십 년 동안 일심을 생각하기만 해왔다면, 이제 이 자리에서는 생각이 아닌 직관을 해보고 싶었다. 직관하지 못한다면, 내 개념적 앎이 빈 앎이라는 것을 나는 안다. 그런데 이제는 내가 아무리 원해도 그게 되질 않는다. 오히려 그동안 생각해온 개념들로 인해 실재를 못 보는 것일 수 있다고 생각하니 억울하기까지 했다. 그것을 미산스님에게 말씀드렸다.

"철학 때문에, 교학 때문에, 생생한 직관이나 깨달음이 막히는 것일 수 있지 않습니까? 그러면 책을 쓰고 강의한다는 것, 언어로 생각을 펼친다는 것, 그건 누구를 위한 것입니까?"

미산스님이 말씀하셨다.

"세간의 일들이 다 그런 것 아닌가요? 허망한 일들인 것이지요."

난 이번 기회에 뭔가 보이지 않는다면, 말을 그만두고 싶다. 일심을 봐야 그것에 대해 말할 수 있는 것 아닐까? 이젠 정말 생각을 떠나 실재를 보고 싶다.

그러나 개념을 버려야 직관을 얻을 수 있다고 생각하는 것, 그건 마치 물을 알기 위해 물 밖에 나가야 한다고 생각하는 것과 같지 않은가? 그건 잘못된 이분법 아닌가? 나는 물 안에서 이미 물을 아는 것이 아닐까? 그것을 확인하기 위해 물속의 모든 것을 지워보고 싶었다. 아, 그러나 이것 또한 생각이다. 어떻게 이런 생각들을 떠나 답을 찾을 수 있단 말인가?

내 안에 답이 있다면, 그래서 아예 처음부터 책을 읽거나 생각하지 말고 그냥 '나는 누구인가?'라는 물음의 답답함만 갖고 좌선하고 앉아 있기만 했다면, 그 물음의 답을 찾을 수 있었던 것일까? 그래야 했던 것일까? 난 지금까지 잘못된 길을 걸어온 것일까? 남의 생각으로 내 깨달음의 길을 막아버린 것일까? 철학 공부, 철학 강의가 본래 그런 것일까?

'생각하지 말고 보라!' 그러나 이건 도대체가 불가능한 말이다. 생각하지 않는다는 것도 가능하지 않고, 생각이 멎는다 해도 그땐 아무것도 보이지 않을 것이다. 우리는 우리의 생각을 본다. 의식적 생각뿐 아니라 무의식도 결국 생각이 만들어서 보는 것이다. 내 망상이 만든 호랑이! 마술사가 죽은 호랑이 뼈에다가 마술로 가죽을 만들어 붙였더니,

그 호랑이가 마술사를 잡아먹는다는 말이 있지 않은가? 망상의 힘을 언급했던 나의 논문과 관련해서 정준영 선생이 첫날 저녁에 했던 말이다. 망상은 우리가 생각하는 것뿐 아니라 우리가 보는 것까지도 결정하는 힘을 갖고 있다.

일심을 보려고 하는 나, 그 나에 대해 이런저런 의문에 잠겨 있던 중 문득 옛 기억이 떠올랐다.《일심의 철학》을 펴내고 얼마 지나지 않아서 한 통의 전화를 받았다. '부산의 누구'라고 했는데, 그때도 누군지는 알 수 없었고 알려고도 하지 않았다. 그가 내 책의 일부를 말했다.

"어려서 우리 집은 추운 한옥이었다. 부엌에 가려면 두 계단 내려가야 하고 찬물밖에 나오지 않는 그런 집이었다. 겨울에 찬물로 세수하다가 우리 집 근처에 있는 2층 양옥집의 아이를 떠올리며 생각했다. 나도 저 부잣집에 태어났다면, 따뜻한 물로 세수할 텐데…. 그러다가 생각했다. 내가 그 집 아이이기를 바라는가? 그러면 이 집에도 어떤 애가 있을 것이고, 그 애가 이 부엌에서 찬물로 세수하겠지. 그러면 그 애가 바로 내가 아닐까?" 그러면서 나는 나를 모른다는 혼란에 사로잡혔었다고, 그 이후 나의 화두는 늘 '나는 누구인가'였다고 썼다.

그 부산 사람이 말했다.

"그 생각, 어렸을 때 한 것입니까?"

"그렇습니다."

"그때 깨달은 건데, 알아 놓고도 또 알려고 하니, 참 힘들겠어."

그러고는 전화를 끊었다. 아니 그것과 더불어 내 책 중의 또 다른 내용을 언급했었다. 전체로서의 일자—者, 무한자는 한계가 없어서 자신을 자각하지 못하므로 스스로 한계를 긋는다는 말을 써놓은 것에 대해, 그렇지 않다고, '무한자는 스스로를 안다'는 말까지 했었다.

가끔 이런저런 사람으로부터 전화나 메일을 받지만, 이 전화의 내용만큼은 잊히지 않고 기억에 남아 있었다. 내가 힘들다는 것을 알아주는 사람이 있구나! 그러면서도 나는 그 상황을 아주 절망적이라고는 생각하지 않았다. 내가 모르고서 안다고 생각하면 그건 절망적이지만, 알고서도 모른다고 생각하면 그건 그렇게 희망이 없는 것은 아니다. 다만 내가 좀 힘들 뿐이지. 그런데 그 말이 나의 상황을 가끔 절망적 상황으로 바꿔놓기도 한다. 가끔 나는 그의 말대로 '무한의 일심을 이미 알고 있는 것이 아닐까?'라는 생각을 하기 때문이다. 그러나 깨달아 알면, 본인은 당장 자신이 안다는 것을 안다고 했다. 내겐 그런 확신이 없으니 모르는 것이 분명한데, 그러면서도 가끔 알고 있는 것이 아닐까를 자문한다.

어제저녁 화장실에서 어떤 비구니 한 분이 내게 아는 듯 말을 걸었다. 순간 나도 아는 사람으로 착각해서 반가운 표정을 짓자, 그녀가 말했다.

"아니, 나는 선생님을 책으로만 봐서 알아요. '나는 누구인가'의 물음을 갖고 그 책을 쓰셨다고 했는데요."

"《자아의 탐색》인가요?"

"그 책을 읽으면서 '이분 출가해야 하는데'라고 생각했어요."

"안 그래도 며칠 여기 앉아 있으면서, 왜 내가 그 길을 가지 않고 철학을 공부했을까 후회하고 있었어요."

"저는 그 책을 읽고 출가했는데, 이분은 출가를 안 했구나 했어요."

"출가 전에 제 책을 보셨나요?"

"행자일 때 봤어요."

그래, 누군가는 내 책을 보고 기억하기도 하는구나. 내가 죽은 개념만을 늘어놓은 것은 아니구나. 왜 나는 출가를 안 했을까? 앞에 앉아 있는 스님들은 늘 좌선하면서 자신을 찾지 않는가? 엄숙해 보인다. 그리고 서럽고 서러워 눈물이 난다. 도대체 무엇을 구하는가? 우리 모두는 무엇을 구하는가? 나는 누구인가? 나는 왜 여기 있는가? 왜 이 세상에 있는가? 왜 전 생애를 두고 묻고 물어도, 확연치 않은 것일까?

생각을 놓치 못해

아침 법문 대신 질문만 받았다. 또 소리치는 사람이 있었고, 막혔다가 뻥 뚫렸다고 말하는 사람도 있었다. 수불스님이 말씀하셨다.

"밑동이 빠지는 듯한 시원한 감각이 옵니다."

그것이 무명을 벗고 광명을 받는 느낌이리라 생각했다. 나도 그 빛 가운데 서고 싶다. 화두 들고 10년, 20년 참구하지 않아도, 단 며칠 만에라도 그것이 가능하다고 말씀하신다. 정말 가능하다고 본다. 전환은 한 찰나에 일어날 텐데, 며칠이라면 수천억 찰나가 아니겠는가? 그런데 왜 나는 그게 안 되는가?

점심 후 크리스티나 선생과 오래 이야기했다. 우린 동국대에서 학생으로 만나 함께 공부하다가 그때 헤어지고 여기서 처음 다시 만났다. 그녀는 내가 그때 했던 말 "나는 공부하는 것이 제일 좋아"라는 말을 가끔 떠올렸다고 한다. 그때의 그 느낌이 되살아났다. 그녀를 보며 성숙함을 떠올렸다. 정준영 선생이 모친과 통화했는데, 감기가 어떠냐는 말에 나았다고 했더니, 감기라도 낫게 되었으면 거기 간 보람이 있다고 하셨단다. 우린 이 세상에서 무엇인가를 얻어간다는 생각이 들었다. 그렇게 세상은 아름다운 것이라고.

나는 광명 속에 서고 싶다. 색이 사라지고 그림자 없는 순수 광명, 그 환한 빛 속에 서고 싶다. 단 1초라도, 평생에 단 한 번만이라도. 그럼 나는 평생 그 느낌을 안고 살아갈 수 있지 않겠는가? 원을 세운다. 오늘은 견성하게 하소서!

머리로 생각하지 말고 온몸으로 답답해하라는 말씀을 따라 나는 생각이 아니라 몸으로 답을 찾고자 기를 썼다. 어느 순간부터, 그러니까 아침 법문 시간 이후부터 몸이 숨을 쉬기 시작했다. 숨이 가빠지면서 몸이 팽창하는 느낌이 들자, 그때 문득 '그래 나를 움직이게 한 것은 내 몸이다'라는 생각이 들었다. 몸이 화두의 답이다. 화두가 타파된다는 것은 몸이 폭파된다는 것이다. 화두로 불러 세운 몸, 그 몸이 팽창해서 폭파되어야 한다. 불타야 한다. 왜? 나를 움직이

게 한 것, 그것은 탐심과 진심으로 묶인 몸이다. 그렇게 몸
에 묶이고 근根에 매인 마음을 끊어내어 허공으로 돌려보
내기 위해 몸과 마음의 단절을 시도하는 것이다. 명상치료
에서의 바디스캔처럼, 망념으로 뭉쳐 있는 몸을 푸는 것이
다. 몸을 태운다는 것은 몸에 스며든 욕망을 태워버린다는
것이다. 탐심과 진심을 끊는다는 말이다.

　순간 기독교에서 말하는 '성령의 불길로 거듭남'의 의미
가 떠올랐다. 그렇다. 법신 안에서는 중생의 오온五蘊이 장
애다. 답답함이 가득 차서 터져 나간다는 것은 몸이 팽창
한다는 말이다. 몸은 답답함을 일으키는 장애의 축적물이
다. 욕망의 몸이다. 그러니까 몸의 정화의식에서처럼 고통
의 단련이 있는 것이다. 무엇이 내 손가락을 움직이게 하는
가를 물으면, 의식은 답을 모르지만 몸이 답을 안다. 그러
니까 화두를 든다는 것은 모르는 의식이 아니라 아는 몸이
답하도록 강제하는 것이다. 화두를 통해 몸이 답하도록 몰
아붙이는 것이다. 몸에 매여 있는 욕망이 답해야 하는 것이
다. 그러나 이 몸을 어떻게 몰아가서 어떻게 폭파시켜야 하
는가?

　그러다가 다시 정반대의 생각이 들었다. 화두의 답이 몸
이 아니라, 화두의 답을 가로막고 있는 것이 몸이다. 그래,

나는 몸에 가려져서 답을 모르고 있는 것이다. 그러니 날 답답하게 만드는 놈인 몸이 폭파되어야 하는 것이다. 답답함을 증폭시키면서 그 답답함을 넘어서려 안간힘을 쓰는 순간, 몸이 폭파된다. 그러면 그때 답을 알게 된다. 답은 허공이다. 허공이 손가락을 움직였다. 그러나 몸이 사라진 후 허공에서 보면 몸은 없다. 그러니 더 이상 답답함이 없고 그렇게 화두는 타파되는 것이다. 일체는 공이다. 그렇게 무명이 사라진 공의 마음이 되어야 한다.

그러나 이것들은 결국 다 생각 아닌가? 어떻게 몸을 폭파시켜야 하는가? 어떻게 허공을 봐야 하는가? 내게 빛을 주소서! 내게 자유를 주소서!

생각은 벗어나려 할수록 더 내게 물밀듯이 밀려왔다. 처음부터 갖고 있던 생각, 다시 그 생각에 빠졌다. 나는 처음부터 중생의 마음이 우주 일체 존재를 포괄한다는 것, 마음이 곧 전체이고 하나라는 것을 아주 쉽게 받아들였다. 주객을 포괄하고 자타를 포괄하는 전체의 하나, 그 일자가 내 밖의 신神도 아니고 물질도 아니고 이념도 아니고 바로 중생의 마음이라는 것을 아주 쉽게 납득했다. 전체로서의 하나인 일자가 중생의 마음이라는 것은, 곧 중생은 누구나 이미 전체를 알고 있다는 말이다. 중생은 누구나 전체를 아는 마음, 성자신해性自神解, 공적영지空寂靈知, 본각本覺을 갖고 있다. 그래서 중생이 이미 부처다.

이는 마치 물속의 물고기가 이미 물을 알고 있는 것과 같다. 그런데 물고기는 물을 나가본 적이 없기에, 물이 전체이기에, 자신이 물을 안다는 사실을 모른다. 시각始覺이 없는 것이다. 그러니까 문제는 내가 내 마음을 안다는 것, 내게 본각이 있다는 것, 물고기가 물을 안다는 것을 어떻게 확인하는가 하는 것이다.

지금까지 나는 물고기가 물을 확인하는 방법은 물 안에서 물 이외의 다른 것들을 다 지워서 물만 남기는 것이라고 생각했다. 그렇게 이미 내 안에 있는 전체로서의 한마음(일심)에 이르기 위해서는, 나의 본각을 확인하기 위해서는, 내 마음 안에 떠오르는 일체의 망념을 다 지워 무념무상에 이르러야 한다고 생각했다. 그렇게 마음 안의 망념을 다 지워 마음을 비우는 것이 적적寂寂이고, 그러면서도 마음이 혼침에 빠지지 않고 깨어 있는 것이 성성惺惺이므로, 성성적적의 방식 또는 마음을 비우는 무심법無心法의 방식으로 본각을 확인하는 것이라고 여겼다.

그런데 오늘은 문득 그 반대가 더 확실한 방식이 아닐까 하는 생각이 들었다. 물고기가 자신이 물을 안다는 것을 확인하는 방법은 물 안에서 물 이외의 것을 다 치워보는 것이 아니라 오히려 물 자체를 없애보는 것일 수 있다. 즉 없애야 하는 것은 물 이외의 것이 아니라 오히려 바로 물 자체일 수 있는 것이다. 공기를 알아보기 위해 코를 막아 공기를 차단해보듯, 우리 자신의 마음을 확인하기 위해 마음 자체를 없애보는 것이다. 어떻게? 화두가 바로 그것을 요구한다.

물고기가 물속에서 수영하듯, 우리는 마음 안에서 생각한다. 그러니까 생각하지 말라고 하는 것은 곧 마음을 없애라는 말이다. 생각을 없애고 마음을 없애니, 물을 없애고 공기를 없애니, 숨이 막혀 답답해지지 않겠는가? 답답함이 도가 넘치면 터진다. 살기 위해서 다시 호흡하게 되는 것이다. 그때 비로소 숨통이 트이는 편안함이 느껴지며, 그때 비로소 내가 언제나 숨 쉬고 살아왔음을 알게 된다. 생각하지 말고 오직 몸으로만 답을 찾고 그 답답함을 느껴보라는 것은 결국 답이 없는 몸으로 남아보라는 것이다. 답이 없는 데서 답을 찾으니, 얼마나 답답한가? 답을 찾는 그 답답함이 극에 달하면 답 없는 몸이 폭파하여 결국 답으로 나아가게 되는 것이다.

나를 움직이는 것은 내 몸 바깥의 허공, 빈 마음이다. 피아노 건반을 움직이게 하는 것이 피아노 바깥의 연주자이 듯이, 내 손가락을 움직이는 것은 내 몸 바깥의 마음, 오온 바깥의 공이다. 그런데 답이 놓여 있는 그 빈 마음으로 나아가지 않고, 물 빼고 공기 빼고 몸 안에서만 그 답을 찾으려니까, 답을 발견할 수 없는 것이다. 우리를 살게 하는 것은 몸 안에서 산출되는 공기가 아니고, 몸 밖에서 들어온 공기다. 생각은 몸 밖에서 들어온다. 그러니까 '생각을 없애고 몸만 남겨라' 하는 것은 그렇게 물고기가 되어 물로부터 단절되어 보라는 것이다. 이미 몸 안에 들어와 있는 물기를 쥐어짜야 한다. 그건 서서히 할 필요 없다. 짧은 시간으로도 가능하다. 생각을 멈춘 상태에서 내가 누구인지에 대한 답을 찾으려는 그 불가능의 역설을 내게 강제하면 되는 것이다. 나는 지금 불가능성과 역설을 생각하고 있지만, 그것을 생각이 아니라 몸으로 실행하라는 것이다. 그러면 물을 몸으로 알게 된다. 그러면 내 생각의 주인이 누구인지를 알게 된다. 내가 내 몸 밖으로 튕겨 나가 나의 본래 자리, 본래면목, 허공으로 돌아가기 때문이다. 그게 자성청정심自性淸淨心이고 불성佛性이다.

공기를 확인하려면, 코를 막고 온몸의 저항이 느껴질 때까지 버티면 된다. 어느 순간 죽겠다 소리치면서 다시 숨을 쉬게 된다. 그때 숨통이 트인다. 바로 이 방법이다. 부정을 통해 자기 긍정? 이 점에서 뭔가 서양철학적 냄새가 나지 않는가?

그런데 저들은 정말 생각을 멈춰보는데, 왜 나는 그게 안 될까? 저들은 몸을 통해 마음을 아는데, 왜 나는 그 과정을 거치지 않고 그냥 생각으로 알아버리는 것일까? 나의 답답함은 숨을 쉬지 못함에서 오는 답답함, 생각이 멎은 후의 답답함이 아니라 오히려 생각이 멎지 않는 데서 오는 답답함이다. 숨이 막히는 답답함이 아니라 막히지 않음을 답답해하는 것이다. 숨이 나가고 들어오는 길은 코라는 것을 아니까 코를 막아 숨은 막아볼 수 있는데, 생각의 길, 사로思路는 어디서 시작되는지를 모르니 사로를 막을 수 없고 생각을 막을 수가 없다. 의식적 생각을 멈춰보는 것, 의식을 넘어 무의식으로 나아가는 것, 그것은 최면이나 정신분석에서도 시도하는 것이다. 그리고 그런 것들은 정해진 방법이 있고, 우리는 전문가의 안내를 받아 그 길을 따라 내려갈 수 있다. 그런데 수불스님은 어떻게 사로를 막아야 하는지 왜 그 방법을 말해주지 않는 것일까? 도대체 어떻게 생각을 멈출 수 있을까? 내 생각을 멈추어달라. 숨을 멈추어달라. 이젠 정말 숨을 멈추고 있어볼까? 죽어라고.

남들은 다 하는데

어제는 밤늦도록 미산스님이 성승연 선생과 나를 붙들고 이야기해주셨다. 우리가 며칠이 지나도록 별 진척이 없자 특별 과외를 해주신 셈이다. 미산스님은 간화선의 효과가 무엇인지, 사고와 감정이 어떻게 다른지, 간화선에서의 화두가 위빠사나 수행에서의 마음챙김인 념念과 어떤 공통점이 있는지를 설명해주셨다. 그리고 지난여름 미산스님이 부산 안국선원에서 체험하신 일, 그 후 상도선원에서 수불스님 공부 기간에 다른 신도들에게서 일어났던 일들, 그리고 며칠간 이곳에서 일어났던 일들 등 여러 가지를 말씀해주셨다. 미산스님이 한국 간화선, 아니 한국불교 전반에 대해 얼마나 노심초사 염려하시며 큰 원願을 세우시는지, 그게 우리 중생을 향한 얼마만 한 자비심의 발현인지, 저절로 느껴졌다.

오늘 서울로 돌아가야 하는 성승연 선생은 미산스님 말씀 후 거의 밤새도록 선방에 앉아 있다가 새로운 체험을 했던 것 같다. 속이 체한 듯 온몸이 꽉 막혔다가 어느 순간 그 답답함이 일시에 사라졌단다. 그것이 화두타파일 것이다. 그렇게 성승연 선생은 통과했다. 점심쯤 성승연 선생은 내게 '파이팅!'을 외쳐주고는 정준영, 박성현 선생과 함께 떠나갔다.

화두로 인한 의심과 의정, 의단 그리고 화두타파는 온몸에서 벌어지는 일이어야 한다. 그런데 내겐 그렇게 몸으로 묻고 몸으로 답을 찾는 것이 너무 어려웠다. 나는 계속 '네가 누구냐?' '넌 모르잖아' 이 말만을 반복하고 있었다. 사고를 비교적 간단히 일념으로 만들자는 의도였다. 그러나 그것이 화두를 제대로 든 것일까? 몸으로 묻고 답답해한 것일까? 생각으로 물은 것은 아닐까? 계속 '너가 누구냐?' 만 생각하고, 거기 집중하면 몸에 작은 떨림, 작은 진동, 또는 미세한 팽창의 느낌이 느껴진다. 그러나 그것은 사고의 집중이 일으킨 몸의 긴장이 아닐까? 손바닥에 의식을 집중하고 계속 아프다고 생각하고 있으면 진짜 아파진다. 그런 효과가 나타난 것은 아닐까?

　나는 답답함보다 오히려 슬픔에 더 많이 빠져 있는 건지 모른다. 내가 얼마나 '일심'을 그리워해 왔던가? 30년간 애타게 찾아왔다. 혹시 난 우주와 하나인 그 마음을 이미 느꼈었던 것은 아닐까? 어렸을 때 언니 오빠가 다 학교 가고 난 후 햇볕이 내리쬐는 마당에 우두커니 앉아 병아리나 강아지를 바라보거나 쓰다듬으면서 느꼈던 늦은 아침의 고요한 정적 그리고 따사한 볕. 그때의 일심이 나를 건드리고 내게 사랑을 심어놓고 간 것은 아닐까? 철이 들면서부터 나는 느낌이 아니라 앎을 추구해왔다. 난 내가 누구인지 느끼는 것이 아니라 분명하게 알고 싶었다. 그래서 책을 읽고 생각하고 물음의 답을 찾아왔다. 나는 누구인가? 그런데 지금 그 생각들을 다 지우고 진짜 알려고 하니, 생각이 나를 떠나지 않는다. 그때 책을 읽거나 생각하지 않고, 내 안에서 답을 찾고자 그냥 앉아만 있었더라면 더 분명한 답이 주어졌을까? 그렇다면 그때 이미 나는 그냥 그렇게 답을 알고 느꼈던 것은 아닐까? 그리고 그것을 사유로 해명해온 것이 아닐까? 그러나 그런 것이라면, 내가 모른다는 생각이 없어야 할 것이다. 정말 그런가? "눈은 볼 수 없다는 것을 알면, 그게 바로 제대로 본 것이다"라는 지눌의 말은 궤

변인가? 그러나 난 봐야 한다. 이미 알고 있던 것을 개념적 생각이 치워진 자리에서, 본연의 자리에서 다시 확인해야 한다.

오후에 크리스티나 선생과 이야기했다. 그녀는 답답함의 감정에 몰입한 결과 신체적으로 거의 죽는 체험을 했다고 한다. 손발이 차지고 굳었다가 얼마 후 다시 정상으로 돌아왔다고 한다. 수행이란 결국 신체 변화가 느껴질 만큼의 호르몬 분비를 스스로 일으키고, 자율신경을 마음대로 제어할 수 있게 되는 과정일까? 그런데 나는 왜 그게 안 되는 걸까?

생각을 끊는다는 것, 도대체 가능한 이야기인가? 생각을 끊으면 왜 답답해지는 걸까? '나는 누구인가?'에 대한 답이 없어 답답하니까, 대아大我나 일심을 생각하지 않으면 답답해지니까, 생각으로 그런 답을 만든 것은 아닐까? 그러니까 그런 생각을 빼면 다시 또 답답해지는 것은 아닐까? 아니면 정말로 생각을 넘어선 자리에 답이 있는데, 그 답을 모르니까 답답해지는 걸까? 둘 중 무엇일까? 생각이 답을 만드는데, 생각을 없애고 생각 밖에서 답을 구하려니까 답답해지는 걸까? 아니면 생각 바깥에 답이 있는데, 생각에만 갇혀 있으니까 답답해지는 걸까?

같은 자세로 앉아서 며칠씩 한 생각에만 몰두하니까, 신체 마비 증상이 오는 것일 수도 있지 않을까? 그걸 경계 체험이라고 하는 것이 아닐까? 그렇게 끝까지 몰고 가니까, 생각의 몰두가 신체 조건보다 앞서가니까, 실제로 죽지는 않고 어느 순간 다시 생각이 풀려날 때 후련함이 오는 것일 수도 있다. 긴장의 축적 과정에서 어떤 호르몬이 분비되어 고통이 느껴지고 다시 그것이 고비를 지나가면 또 다른 호르몬이 분비되어 기쁨이 느껴질 수도 있을 것이다. 마치 마라톤에서 점점 고통이 증대되다가 특정 한계를 넘어서면 즐거운 감각을 일으키는 도파민이 나오게 되듯이 말이다. 종교 체험이란 것도 그런 것일 수 있지 않을까? 큰 고통을 겪고서 얻은 보상의 큰 기쁨으로 다른 잔잔한 심적 장애들을 극복하는 것은 아닐까? 물론 나는 이런 식으로 생각을 정리하려고 여기에 온 것은 아니다. 그런데도 나는 왜 이런 생각만 하고 있는 것일까?

오늘 저녁 처음으로 수불스님과 면담했다. 다른 사람들과 버스웰 선생도 있었다.

"저는 생각을 없앨 수가 없습니다."

"생각이 있든 없든 상관하지 말고 화두만 들어야 해."

"화두를 든다는 것은 제겐 결국 '내가 누구냐?'를 묻고

'나는 모른다'를 확인하는 것이 됩니다. 결국 생각만 하고 있는 겁니다. 저는 생각을 끊고 싶습니다."

"생각을 끊는 것은 불가능해. 죽었다 깨어나도 그건 못 하는 거요. 화두를 잡고 있는 것은 묻는 것이 아니라, 답을 찾는 겁니다"

이어 버스웰 선생에게 말하라 했다.

"며칠째 계속 노력했지만, 별 경험을 하지 못했습니다. 아마 저는 할 인연이 아닌 것 같습니다."

"아닙니다. 바로 그런 느낌을 가지니까 할 수 있는 겁니다."

이 말을 들으니 나는 또 눈물이 났다. 버스웰 선생도 울고 있었다. 그가 울다니? 좀 놀랐다.

그러면서 나는 또 따지듯 물었다.

"답답함을 느낀다는 건 누구나 그런 거라고 봅니다. 20년, 30년 다 답답함을 느끼며 살지 않습니까? 그런데 왜 답을 얻지 못합니까?"

"그래, 이미 답답해하고 있으니, 화두는 잡고 있는 셈이요. 계속 거기에 집중하시오."

다시 선방으로 왔다. 선방에 앉자 슬픔이 밀려왔다. 한참을 울고 또 울다가 멈추었다. 그리고 한참 후 "헉" 하는 소리가 들렸다. "헉, 헉, 헉…." 버스웰 선생이 진동하면서 소리치는 것이었다. 그 순간 눈물이 비 오듯 쏟아졌다. '아, 그도 보는구나. 결국 나만 남겨지는구나. 내게만 보이지 않는 답인가 보다. 나만 끝까지 어리석은 자이구나. 나는 무얼 위해 살아왔단 말인가?' 눈물이 펑펑 쏟아졌다. 그러고 있는데 버스웰 선생이 다시 엄청 커다란 소리로 "허허허허" 하면서 폭소를 쏟아냈다. 아, 왜 나만 안 되는가? 끝없이 계속 흐느끼면서 눈물 콧물을 휴지로 닦고 있으니까, 어느 비구니 스님이 말했다.

"참으려 하지 말고 터뜨리세요."

보시던 미산스님도 말씀하셨다.

"그냥 터뜨리세요."

그 말을 듣자, 더 슬퍼지고 서글퍼졌다. 참을 수 없어야 터지는 거지, 참아지는 것을 어찌 일부러 터뜨리겠는가? 난 눈물이나 통곡을 참을 수 있다. 내겐 참을 수 없는 감정 표출은 없다. 왜 내겐 폭발이 일어나지 않을까? 내가 계속 눈물 콧물을 닦아대며 울고 있자, 미산스님이 불러 옆방으로 데리고 가서 말씀하셨다.

"답답함에만 집중해야 하는데, 눈물 닦는 데 신경 쓰고 몸의 자세를 이리저리 바꾸니까 집중이 안 돼서 폭발이 안

되는 겁니다. 원리는 간단합니다. 답답함은 이미 있습니다.
30년 품어온 답답함, 그걸 왜 자꾸 묻고만 있어요? 답답함
이 느껴지면 그걸 붙잡고 거기에 집중해야 합니다. 마치 볼
록렌즈로 햇볕을 집중시켜 불을 지피듯, 그렇게 하면 됩니
다. 허리를 곧추 펴고 앉아서 답답함에 집중하고 확장해서
온몸으로 퍼져나가게 하면, 결국 터지고 완전히 다른 경험
을 하게 됩니다."

　"답답함이 사라져버리니까, 자꾸 묻게 됩니다."

　"그러니까 안 되는 거예요. 답답함은 이미 있습니다. 답
만 찾으세요. 오늘이 마지막이라고 생각하고 끝까지 해보
세요. 남들 다 되는데 왜 안 돼요?"

　버스웰 선생의 웃음을 떠올리며 물었다.

　"그런데 그 순간에 웃는 사람도 있나요?"

　"가서 집중이나 하세요."

　들어와서 다시 양손을 무릎 위에 놓고 감정에 집중하려
고 노력했다. 그 순간 알았다. 내게 느낌은 생각을 따라서
만 온다는 것을⋯. 답답한 느낌이 들고 눈물이 나고 미치겠
는 것은 '나는 나를 모른다. 내가 누구냐?'라는 물음에 부
딪혀 답을 찾을 수 없어 괴로워서다. 그 물음을 멈추고 답
답한 느낌에만 집중하려고 하는 순간, 나는 내가 무엇에 집

중해야 하는지를 알 수가 없다. 어느 신체 감각에 집중하라는 것인가? 몸의 미세한 진동이나 심장의 두근거림, 숨의 퍼짐 등을 느끼라는 것인가? 사지가 아픈 느낌? 그게 아니라면 답답함이 쌓여 뭔가 이상 현상이 나타나기 시작해야 집중할 것 아닌가? 그런 신체 감각이 아닌 감정, 답답한 느낌, 그런 걸 어디에서 어떻게 찾아 집중하란 말인가?

물론 이미 답답해하고 있기에 눈물도 흐르지 않는가? 그러나 내 몸이 알아서 눈물을 흘리는 것은 아니다. '내가 누군가?'라는 물음을 던졌는데, 그 답을 알지 못한다는 것을 생각하니까 눈물이 나는 것이다. 그것을 안다고 생각하는 자, 기독교인이나 유물론자들은 울지 않을 것이다. 나는 모른다고 생각하니까 슬퍼져서 눈물이 나는 것이다. 그래서 답을 찾아 생각하게 된다. 슬퍼지는 것도, 슬픈 상황을 보고 슬프게 생각하기에 슬픈 것 아닌가? 도대체 생각 없이 어떤 감정을 가질 수 있고 또 느낄 수 있을까? 신체 감각 말고 어떤 감정이 생각의 도움 없이 일어날 수 있을까? 난 나를 모른다고 생각하면 답답함이 생긴다. 그래서 울게 된다. 그런데 그렇게 한참 울고 나면 답답함이 해소된다. 여기서 사람들이 보여주는 통곡 후의 통쾌함도 혹 그런 것이 아닐까?

또는 답답함이나 다른 감정들도 그 감정에 집중하면 그 순간 그 감정은 사라지지 않는가? 막 슬퍼하다가 슬픔에 집중하면, 난 더 이상 슬프지 않다. 답답해하다가 답답함에 집중하면 더 이상 안 답답한가? 그건 아닌 것 같다.

이 생각 저 생각을 하다가 답을 찾은 것 같으면, 그 순간 답답함은 사라진다. 어느 정도까지는 생각이 답답함을 없앤다. 그런데 생각이 답답함을 완전히 해소하지 못하는 것은 그 생각이 '생각하는 자' 자신, 나 자신에 대한 생각일 경우다. 생각이라는 것도 다 내가 한 것인데, 어떻게 내가 한 생각으로 그런 생각을 하는 나를 잡을 수 있겠는가? '나는 누구인가?'의 물음이 그 생각으로는 해명되지 않는다는 것을 알고 있다.

그런데 이 방법, 허리를 곧추세우고 신체 감각 또는 감정에 집중하는 것, 그리고 그 집중이 감정의 폭발 내지 에너지의 폭발로 이어지는 것, 이것은 혹시 쿤달리니 요가와 같은 것 아닌가? 그래서 전통적인 선 수행 방식과 다르다고 하는 것 아닌가? 화두를 잡고 마음을 평안하게 가라앉히는 것이 전통적인 선 수행이라면, 이것은 감정을 폭발하게 하는 것이 아닌가? 감정을 폭발시켜 답답함을 지혜로 전환하는 데 반해, 전통적 방법은 지혜로 답답함을 해소하는 것 아닌가?

물론 방법들을 비교·분류하고 생각할 것 없이 일단 해보는 것이 필요하리라. 그런데 나는 잘 안된다. 답답함의 감정이 잘 잡히지 않는다. 집중이 잘 안된다. 그래도 그냥 앉아 있어라. 이미 화두를 잡은 것이다. 그렇다면 신체 감각에 집중하란 말인가? 위빠사나 수행처럼 감각에 집중해서 감각으로부터 자유로워지는 것도 아니고, 일반 선 수행처럼 감각 아닌 화두에 집중하는 것도 아니고, 도대체 뭘 어찌하란 말인가?

내일은 수불스님에게 이렇게 질문하리라. 답답함은 물음을 물어야만, 생각을 해야만 생긴다. 내가 답을 모른다는 생각을 하지 않으면 답답함도 없다. 그래도 묻지 말고 이미 화두를 든 것이니까, 그냥 집중하고 있으면 된디고 히면, 무엇에 집중해야 하는가? 신체 감각인가? 감정을 어떻게 집어내나? 아무것에도 신경 쓰지 말라? 그러면 답답함 없이 평온함에 빠진다. 그래서 아무 변화가 없다.

생각의 벽을 부수고

이런저런 생각만 하다가 새벽 3시쯤 아주 절망적인 기분으로 잠이 들었다. 새벽에 갑자기 여자의 비명 같은 소리, 그러나 웃음소리가 들렸다. 버스웰 선생의 웃음소리와 같은 방식의 소리였다. 잠에서 깨어나면서 그것이 옆방 선방에서 나는 소리라는 것을 알게 되자, 또 '나만 모른다'는 슬픔이 밀려왔다. 가슴이 두근두근 뛰는 것이 느껴졌다. 이게 생각을 놓고 내가 잡아야 할 답답함인가?

그대로 앉을까 하고 시계를 보니 4시 반이었다. '내가 소리라도 지르면 잠옷 바람일 텐데, 더 자자.' 그러고는 서서히 잠이 들었다. 5시 반쯤 다시 무슨 소리에 일어났다.

씻고 자지도 않았었는데, 세수하기도 머리 감기도 귀찮

았다. 이만 닦고 옷 갈아입고 선방으로 가려고 나갔다. 복도에서 미산스님과 마주쳤다. 얼굴을 들고 쳐다볼 수가 없었다. 어제 끝까지 하라고 하셨는데, 그러지 못하고 들어와 이 생각 저 생각 하다가 잠이나 잔 내가 창피하고 부끄러워서 고개를 들 수가 없었다. 문득 그런 느낌, 특정 사람 앞에서 내 못난 모습이 한심해서 차마 고개를 들지 못하는 참괴한 느낌, 살면서 처음 느껴보는 것이 아닌가 싶었다. 눈도 마주치지 못하고 고개를 푹 숙이고 지나치고는 커피를 마시고 선방에 가 앉았다. 이젠 눈물이 나도 닦지 않으리라 생각하며 휴지도 챙겨오지 않았다. 선방에 앉자마자 눈물이 쏟아졌다. 그냥 죽은들 어떠랴. 이 자리에서 끝을 보자. 미산스님 앞에서 죽자. 안 되면 죽고, 되면 일어나고. 눈물을 닦지도 않고, 소리를 일부러 삼기지도 않았다. 조금씩 울음소리가, 숨 넘어가는 소리가 작게 밖으로 나간다는 생각이 들자 자꾸 조심하게 되었다. 주위를 신경 쓰지 않기 위해, 산꼭대기에 나 혼자 있다는 상상을 했다. 나 혼자다. 다른 사람을 무시하자. 그러자 조금 편해졌다. 그러다가 또 생각이 들었다. 왜 난 이런 느낌으로 살지 못하고 늘 주위 사람을 의식할까? 물론 의식해서 내 삶의 방식을 바꾸지는 않는다. 그냥 늘 주위 사람을 어려워한다. 그래서 늘 혼자 있고 싶어 한다. 왜 처음부터 아예 혼자라는 느낌을 더 철저히 갖고 살지 못했던 것일까? 이게 키에르케고르의 단독자 느낌일까?

여러 차례 나는 모른다는 생각과 답답한 느낌, 슬픈 마음에 눈물이 쏟아지곤 했다. 아침 공양 시간을 알려왔지만, 먹으러 가지 않았다. 갑갑한 숨을 느끼며 계속 앉아 있었다. 그래도 내가 계속 화두를 들고 있는 것이라고 믿고 앉아 있다 보니, 다시 슬픔이 복받쳤다. 눈물이 마구 쏟아져야 내가 제대로 답답해하고 있는 거라는 생각이 들었다.

10시 수불스님 법문 시간이 되었다. 그냥 나의 답답함 속에 계속 머물러 있고 싶었다. 스님이 질문하라 하셨는데 반응이 없자, 개인 면담할 사람은 내려오라 하시고 그냥 나가셨다. 나는 계속 앉아 있어야 할 것 같았지만, 알고 싶은 마음이 더 컸다. 새벽에 웃던 여자와 버스웰 선생이 뭐라고 이야기할지, 그리고 수불스님이 뭐라고 말씀하실지가 궁금했다. 스님 방에 따라 들어가니, 비구니 스님 한 명이 요가를 하게 된다는 말을 하자, 수불스님은 계속 화두 놓치지 말라고 하셨다. 두 번째 비구니 스님이 아침에 웃고 나서는 기분이 맑고 청량해졌다고 말했다. 수불스님이 물으셨다.

"답이 뭔데? 답이 안 나왔으면, 계속 더 화두를 들고 앉아 있어."

세 번째로 내가 말씀드렸다.

"저는 제가 모른다는 생각을 해야 답답해지고, 생각을 멈추고 답답함을 계속 느끼려고 하면 더 이상 답답하지가 않습니다."

"생각하거나 말거나 상관하지 말고 그냥 화두만 들어."

"답답함을 계속 유지하라는 것이 답답한 감정을 집중하여 느껴보라는 말씀입니까? 답답할 때의 신체 감각을 느끼라는 말씀입니까?"

"혜민스님이 대답해봐."

그때 그 자리에 함께 있었던 혜민스님을 처음 보았다. 혜민스님은 우리와 함께 시작해서 벌써 일찌감치 통과했다고 들었었다. 그가 말했다.

"신체 감각을 느끼는 것도 아니고, 일부러 감정을 만들어내어 느끼는 것도 아닙니다."

"도대체 답답함을 유지한다는 것이 무슨 말입니까?

"답을 몰라 답답하게 느껴질 때, 그때 일어나는 감정, 아무 답도 찾지 못하는 그 순수한 감정을 계속 유지하는 것입니다."

"답답한 감정을 어디에서 어떻게 찾아내서 유지해야 합

니까?"

"버스웰 선생의 책에 있듯이, 그 감정은 마치 누구를 만났는데 그 이름이 떠오르지 않을 때, 그 순간 그걸 궁금해하는 심리 상태와 같은 겁니다. 그 감정을 계속 유지하는 겁니다."

'그 느낌이야 알지.' 그래서 합장하고 더 이상 묻지 않았다. 그러자 수불스님이 이야기를 마친 우리 세 명에게 나가라고 하셨다. 두 번째 비구니 스님이 남아서 다른 사람의 이야기를 듣고 싶다고 하자, 공부에 도움은커녕 방해가 된다고 나가라고 하셨다. 그래서 둘은 나갔는데, 나는 그대로 남아 있었다. 그다음 비구 스님 두 명이 말했다. 한 명은 상기처럼 머리가 더워지는 일이 있었고, 다른 한 명은 몸이 투명하게 보이는 이색 경험이 있었다고 했다. 상기가 아니니 계속 화두를 들라 하시고, 이색 체험에는 집착하지 말라고 말씀하셨다. 마지막 사람이 나갈 때, 다시 또 나보고 나가라고 하셨다. 방에는 수불스님과 미산스님, 혜민스님과 버스웰 선생 그리고 크리스티나 선생 그렇게만 남아 있었다. 난 남아서 버스웰 선생의 이야기를 듣고 싶었지만 나와야 했다. 그때 크리스티나 선생이 훌쩍거리면서 울기 시작했다. 문을 나서려는 순간, 수불스님이 말씀하셨다.

"잘하고 있는 거니까, 계속 그렇게 하시오."

문을 닫고 나와서 돌아서는데, 이젠 답답함도 슬픔도 아니고 속이 상했다. 내게 진리가 가려져 있다는 것이 속상하고 나 자신이 너무 무력하게 느껴졌다. 선방에 앉아 있어도 답답함도 슬픔도 느껴지지 않고 그냥 멍했다.

점심 공양 시간이 된 것 같아서 식당에 갈까 말까 망설였다. 오늘은 사생결단을 내고 싶어 밥을 안 먹으려고 했는데, 선방에 앉아 용맹정진하는 것도 아니라면 가서 밥이나 먹자 생각하며 식당으로 향했다. 그런데 온통 스님들뿐이었다. 또 내가 너무 초라하게 느껴졌다. 다시 걸음을 돌렸다. 밥은 먹어서 뭐 하겠는가?

난 봐야 한다. 세계를 보는 눈 자체를…. 분명히 있는 것이니 단지 생각하는 것이 아니라 직접 보고 확인해야 한다. 그런데 보이지 않는다. 그렇다면 자성청정심, 순수자아에 대한 지적 직관은 없다고 말하는 것이 더 정확한 것 아닌가? 내겐 그것이 더 정직한 것 아닌가? 그런데 나는 늘 그것이 있다고 말해왔다. 그건 정직하지 못한 것 아닌가? 그러나 왜 내게만 안 보인단 말인가? 나는 선천적 장님인가? 그래, 나는 슬픔이나 답답함조차도 서술형 독백을 통해 일어나게 하고, 또 그것을 통해 해결한다. 사과의 빨간색을 못 보는 장님에게 빨간색을 알게 하려면 서술형으로 설명하는 수밖에 없지 않은가? 그러니 서술형 인간은 장님 아닌가? 순수자아를 본 적이 없으니까. 그러면서도 나는 그런 자아가 있다는 생각을 왜 늘 해왔을까? 왜 없다는 설명이 아니라 있다는 설명을 좋아했을까? 게다가 단지 설명의 원리 또는 논리적 가설로서가 아니라 실제로 있다고, 우리가 이미 그것을 알고 있고 이미 보고 있다고, 왜 그런 소리를 해왔을까? 나는 선 수행은 안 하고 교학만 해서 이론적으로만 알 뿐이지만, 그렇게 이론적으로 알고자 하는 그 자체는 본래 수행을 통해 직관되는 것이라고, 왜 늘 그렇게 말해왔을까?

왜 본다고 생각했는가? 이미 봤기 때문이다. 언제 어떻게? 그것을 봤기에, 이 세상 다른 모든 것이 다 그것이 아니라는 것을 아는 것 아니겠는가? 그렇게 우리는 그것을 알고 있다. 그것은 부정성으로만 알려지는 바탕이고 공이다. 아, 이건 십수 년 전에 이미 했던 생각이다. 왜 그러고도 계속 다시 보겠다고 찾아다니고 있는가? 그래, 부정성이 아니라 긍정성으로 보고자 하기 때문이다. 나는 마음을 그 자체로 보고 싶은 것이다. 그런데 왜 내게는 안 보이는가? 저들은 정말 그것을 보았는가?

저녁을 먹었다. 우울하다. 이젠 거의 마음을 정리해야 할 때라는 생각이 들었다. 수행하러 왔다 돌아가면서 밝은 마음이기는커녕 절망감에 빠져 돌아가서야 되겠는가? 그러나 그리고 그리던 님을 만나려고 왔다가 못 만나고 돌아가는 심정, 어찌 밝을 수 있겠는가? 게다가 그 님이 남들은 다 만나준다. 나만 눈이 먼 것이다. 나만 장님이다. 그래서 나만 늘 그리워했나 보다. 나만 못 보니까. 나보다 더 그를 원하고 찾았던 사람이 있을까? 그런데 왜? 여기서도 안 되니 앞으로도 못 만날 것이다. 그냥 집으로 가기보다 차라리 죽으러 가고 싶다. 왜 죽지 않을까? 늘 알지 못하는 것을 생각하고 말해온 것이라면, 왜 차라리 죽지 않을까? 나는 왜 직관 없는 서술형 인간일까? 그 서술형으로 말하고자 하는 것, 그것을 정작 만나지는 못하고, 이렇게 긴 길을 왔다가 그냥 돌아가게 되었다. 돌아가면 이제 불교 학회 활동은 그만하리라. 마음을 정리하면서 불교에 대한 내 짝사랑도 정리하리라. 그게 솔직한 것 아닐까? 내가 불교를 잘못 안 것일까? 내가 그렇게 어리석은 것일까? 왜 나만, 왜 나만….

어제는 미산스님이 그러셨다. "해보세요. 남들 다 되는 건데…. 그런데 지금껏 내가 해왔던 생각들, 삶들, 그런 것이 나를 방해하는 것이라면?" 그런데 대학에서 학문하는

버스웰 선생도 눈을 떴다. 혜민스님도 눈을 떴다. 나만 눈
감은 장님이다. 어떻게 마음을 정리해야 하는 걸까? 앞으
로 어떻게 살아야 하는 걸까? 철학에서 철학의 한계까지
나아가면, 거기서 철학 너머의 것을 다시 시작하리라고 마
음먹었었다. 그런데 이제 내겐 길이 없다. 철학이 날 가두
어 놓은 거다. 길이 보이지 않는다.

  마음을 보고 싶었다. 내가 본 가장 먼 것은 그냥 어둠이
다. 이상하게 생긴, 눈같이 생긴 작은 구멍. 그런데 소용돌
이치며 소라 끝처럼 멀리 달아나는 구멍이다. 난 수불스님
말씀대로 그리로 빨려 들어가고 싶었지만 되지가 않는다.
그 암흑 지점을 통과하면 그 바깥에 분명 빛이 있을 것 같
았다.

  그러나 내가 보는 것, 그건 이미 내가 그렇게 생각했던
것이다. 내가 생각했던 대로 본다는 것을 다시 생각하면,
나는 이미 여기 제자리에 있다. 그걸 통과하는 것이 꿈에서
깨어나는 일일 것 같다. 내 몸이 통증으로 부서지고 터지는
것이나 벽을 밀고 나가는 것이나, 다 이 현실의 꿈을 통과
하고 본연의 자성청정심으로 나아가는 길일 것 같다. 그렇
게 생각해오던 것을 체험하기 위해 여기 왔는데, 마치 영화
를 보면서 그 끝을 미리 알아서 영화가 실감 나지 않는 것

처럼, 그 체험에 빨려 들어가지지 않는다.

난 진정으로 답답해하지 않은 거다. 답을 안다고 여기므로. 답을 몰라서 답답해해야 하는데, 답을 점찍어 놓고 그걸 확인하려고만 하니까 안 되는 거다. 결국 내가 생각한 답이 맞는지 틀리는지도 확인이 안 된다.

식사 후 미산스님이 그러셨다.

"오늘 저녁 최선을 다해서 해보세요."

"네."

속으로 섭섭한 느낌이 밀려왔다. '아, 미산스님도 이제 나를 포기하시는구나.' 예전에 했던 경험 두 가지가 떠올랐다. 아마 이미 불교를 알았던 대학생 때쯤이었을 거다. 나를 찾고자 내 방에 혼자 앉아 명상을 하곤 했다. 어떤 때는 누워서 유체 이탈을 시도해 보기도 했다. 순수자아와의 지면을 꿈꾸며 명상하던 어느 날 마음을 비우는데, 갑자기 칠흑 같은 암흑이 덮쳤다. 밑동이 쑥 빠져버리는 듯한 느낌, 순식간에 바닥없는 심연으로 깊이 가라앉는 느낌이 들었다. 가슴이 철렁 내려앉았다. '아, 뭔가가 있구나!' 그러면서 나는 눈을 떴다. 그때 왜 계속해야 한다는 생각을 안 했을까? 뭔가가 있다는 것, 다른 경지가 있다는 것, 그걸 확인한 것만으로 만족했다.

그리고 그 이후인지 이전인지는 모른다. 언젠가 나는 어떤 경지를 그냥 느끼는 것이 내 삶의 목적이 아니라, 내가 느끼는 것이 무엇인지를 정확히 아는 것이 목적이라고 생각했다. 이건 당시 내가 다녔던 교회 교리에 대한 반감 때문이었는지 모른다. 난 알기 위해 영혼을 파는 파우스트가 더 인간적이라고 생각했다. 난 지금도 성경에 나오는 가장 매력적인 인간은 '신과 같이 눈이 밝아지기 위해' 선악과를 따먹은 이브라고 생각한다. 성경의 신은 그것을 벌했기에, 그 이후의 모든 기독교인은 그 꿈을 버렸다. 그러나 나는 모르는 채 믿다가 천당에 가기보다는, 모르는 것을 알기 위해 살다가 끝내 알지도 믿지도 못하고 죽어 결국 지옥에 가도 상관없다고 생각했다. 어차피 내가 날 모르면, 내가 그 나를 왜 걱정하겠는가?

어떻게 마음을 정리해야 하는가를 생각하다가 떠오른 지난날의 생각이었다. 나는 여전히 장님이다. 나는 직접 산에 가보지 않은 채 지도만 보고 있다. 지도 보기를 그만하라고 헬리콥터로 나를 산 어딘가에 내려놓겠다고 해도 나는 가지 않는가 보다. 장님을 이끄는 지도는 장님이 더 잘 그리지 않을까? 사과를 지시형이 아닌 서술형으로 설명해야 장님이 사과를 더 잘 찾아내지 않겠는가? 장님을 갑자기 눈뜨게 하고 보라 한들, 사과에 대한 서술형 앎이 없다면 눈 앞의 것이 사과인지 아닌지 어찌 알겠는가? 장님을 산 어딘가에 내려놓은들, 지도를 익히지 않은 다음에야, 서술형 지도를 들고 그 지점까지 올라온 것이 아닌 다음에야, 자기가 어디에 있는지를 어찌 알겠는가? 내 글들은 장님이 쓴 서술형 글이다. 왜 썼는가? 장님을 위해서다. 내가 장님인 것이 서러워서, 다른 장님을 위로하기 위해서, 아무리 해도 마음의 눈이 떠지지 않는 장님을 위해서.

이런 생각으로 마음을 정리하고 선방에 돌아와 앉는데, 옆의 크리스티나 선생이 무드라를 하고 있었다. 몹시 부러움을 느끼면서 그 옆 내 자리에 앉아 눈을 감았다. 수많은 불상이 있는 석굴이 쫙 펼쳐졌다. '어떤 사원 석굴을 떠올리고 있구나' 생각했다. 그 석굴 면이 점점 내게 가까이 다가오는데, 벽이었다. 앗! 장벽. 내가 기다리던 것이다. 울퉁불퉁한 벽, 끝이 안 보이게 높은 돌 장벽이었다. 그리고 그 중간에 소용돌이치는 구멍이 보였는데, 이번엔 손은 안 보여도 끌 같은 것으로 그걸 파고 있었다. 누가 파는지는 몰랐다. '여기 구멍을 뚫고 지나가야 하는데' 하며 안간힘을 쓰려는데 잘 안됐다. 갑자기 벽이 그냥 슬슬 위에서부터 금이 가면서 허물어져 내렸다. 담벼락 저쪽으로부터 환한 빛이 보였다.

아, 온 힘을 다해 벽을 뚫고 통과하려고 했는데, 이건 완전 생각대로 보는구나 싶었다. 탐진치 장애의 벽, 장애 안의 마음과 장애 밖의 마음, 그 둘 사이의 벽. 그런데 내가 벽을 뚫고 통과하는 대신 그냥 벽이 무너져버렸다. 너무 싱겁게, 고통의 소리 한번 없이 끝났다. 이건 그냥 내 마음대로 내 생각대로 그려본 것일 것이다. 내가 그렇게 정리하고 싶었으니까.

그래도 벽이 등장한 것, 그리고 그 벽이 허물어지는 심상이 떠오른 것이 고마웠다. 그렇지만 내 무의식적 의도를 따라 바라는 대로 떠오른 것일 뿐이라고 생각하니, 참으로 싱겁단 생각이 들었다. 나는 실재를 보고 싶었다. 그런 마음으로 다시 눈을 감았는데, 이젠 발 아래 아주 큰 연못에 하얀 연잎들이 쫙 펼쳐져 있었다. 그걸 보는데 나도 모르게 행복한 웃음이 나왔다. 크게 입을 벌리고 소리 없이 웃었다. 그러다 문득 떠올랐다. "웃는 사람도 있나요?" 이렇게 묻자 미산스님이 혼내시듯 말씀하셨지. "얼른 가서 공부나 하시오!"

아무것도 아닐 수 있다. 복도에서 미산스님을 만났다. 그걸 다 말씀드렸다. 하지만 너무 싱거워 아무것도 아닌 것 같다고, 그렇지만 답답함이 사라진 것 같다고 말씀드렸다. 미산스님이 내가 계속 자아를 보려고 하니까 그렇게 시각화되어 나타나는가 보다고 말씀하셨다. 내일 면담에서 수불스님에게 말씀드려보라고 하셨다.

"뭘 말씀드리죠?"

"방금 그거요. 또 가서 계속 앉아 있어 보세요."

"더 이상 답답하게 느껴지지 않는데, 그럼 뭘 해야 하죠?"

"더 앉아 있어 보다가 답답해지면 화두를 드세요."

다시 선방에 가서 앉았는데, 생각이 펼쳐졌다. 답은 없다. 답답함이 없으니, 질문이 없으니, 답이 어디 있으랴? 무엇이 나의 손가락을 움직이게 하냐? 그건 누구나 아는 거다. 그건 그냥 니다. 그 니에 답답힘이 딤거 있지 않으면 그는 이 화두에 걸려들지 않는다. 그는 답답해하지 않는 자유인이다. 그는 그냥 그렇게 살면 된다. 그 화두에 걸려드는 자는 답답함을 가진 자다. 답답해하는 자는 그 답답함을 증폭시키기만 하면 된다. 자신 안의 답답함을 끝까지 밀고 나가면, 결국 답답함이 다한다. 답답함이 다하면 답이 나온다. 답은 그냥 나다, 나. 그러면 그 화두가 더 이상 날 답답하게 만들지 않는다.

그래, 나의 괴로움은 생각해야만 답답해진다는 거였다. 그러니 생각으로 풀어야 했다. 내게 장애는 생각의 벽이었다. 나를 답답하게 하던 건 생각이었다. 철학이었다. 삶은 그냥 그렇다. 난 보아야 할 내가 있다고 생각해왔다. 생각으로 인한 나의 괴로움은 생각만으로는 잘 안 풀렸다. 이번에는 그걸 몸으로 푼 것 같다. 나처럼 생각으로 괴로운 자가 아니라 욕망으로 괴로운 자는 그 욕망이 무너져야 답답함이 무너질 것이다. 난 만난 거다. 내 답답함을 풀어줄 마음을 만난 거다. 과연 그런가?

아니다. 실제로 무슨 일이 일어난 것일까? 내가 내 안의 답답함을 가지고 답답해하다 보면 답답함의 벽이 쌓인다. 그러니까 더 답답해지고 그 때문에 벽이 더 두꺼워지고 또 더 답답해지고. 그렇게 해서 벽이 너무 두꺼워 못 견디겠는 순간 그 벽을 허물면 다시 답답함은 사라진다. 이건 게임 아닌가? 반전이 있는 게임? 이 게임에서 나타났다가 사라져야 할 장벽, 답답함의 장벽은 바로 그 자리에서 내가 쌓고 내가 허무는 것이다. 답답함을 일으키는 나의 장애를 갖고 부지런히 벽을 쌓다가 그 한계에 닿는 순간 허물면 되는 것이다. 너무나 간단한 게임이다. 끝나야 그 정체가 드러나는 게임. 그런데 처음부터 내가 쌓고 내가 허물 벽이라는 것을 알았더라도, 이 게임을 시작할 수가 있었을까?

그러나 이것을 통해 내 마음의 장애는 넘어갔는지 몰라도 자아 개념에 대한 철학적 논변은 아직 그대로 남아 있지 않는가? 자성청정심, 순수자아 개념은 우리를 괴로워할 수밖에 없게 만든다. '무명', 내가 뭔가 모른다는 그 괴로움을 어찌 벗어날 수 있겠는가? 물론 무명과 어리석음, 치癡를 생각하는 불교도는 답답함을 느끼지만, 신의 뜻을 믿는 기독교는 전혀 답답해하지 않을 것이다. 이 자리에서 모든 생각과 사념을 다 망상이라고 여긴다면, 결국 일체 학문과 이 현실 세계를 완전히 남에게 내주는 꼴이 되지 않겠는가? 그래, 이게 답이 아닌지도 모른다.

이처럼 뭔가 꼬임과 얽힘이 남아 있는 것 같아 다시 또 선빙에 가서 앉아 있었지만, 별로 답답하게 느껴지지 않고 내가 푼 답만 자꾸 떠오른다. 또 답을 찾으며 답답해하려면, 다시 또 '내가 있다'라고 생각해야 한다. 또 생각을 통해 괴로움을 만들어야 한다. 결국 날 답답하게 한 장본인은 바로 나의 생각인 것이다. 나를 봐야 한다는 생각, 세계를 보는 눈을 내가 직접 보아야 한다는 생각, 바로 그 생각인 것이다. 이 생각만 없애면 답답함은 없다. 즉 나를 움직이는 무엇은 따로 없다. 그냥 움직인 거다. 지금까지 내가 나를 알아야 한다는 생각, 내가 나를 모른다는 생각이 날 슬프게 한 거다. 그러나 사실은 나는 이미 나를 알고 있고, 나는 이미 눈을 본 것이다. 끝까지 다시 볼 수 있으리란 생각을 가중시키면서 점점 더 괴로워했는데, 남들은 다 보는데 왜 나만 못 보는가 하면서 더 답답해했는데, 그러다가 내가 본 것은 결국 '더 이상 볼 것이 없다'는 것이었다. 그러면 결국 난 뭔가를 본 것이 아닌가? 그리던 님을 만난 것 아닌가? 님을 못 보았다는 슬픔을 버린 것 아닌가? 그런데 겨우 이게 다란 말인가? 이게 결론인가? 갑자기 웃음이 터져 나왔다. 버스웰 선생도 겨우 이걸 알고서 그렇게 크게 웃었나? 웃을 때 의식이 있었나? '왜 눈을 다시 보려고 하는가? 볼 수 없다는 것을 알면 그것이 본 것이다.' 이것은 수없이 생각해본 것 아닌가? 생각으로는 간단한 일인데, 이것을 몸으로 알아내는 데 6일이 걸렸단 말인가?

만일 미산스님이나 수불스님이 처음부터 "볼 게 없다는 것을 볼 것이다"라고 했다면 어땠을까? 이런 말은 책에 흔하게 나온다. 그러니 그건 이미 내가 아는 것이라고 생각하며 공부도 시작하지 않았을 것이다. 그렇다면 이번 공부는 지금까지 머리로 알던 것을 몸으로 확인한 것일까? 그래서 방에서 나를 쫓아낸 것일까? 공부에 방해가 된다고? 그러니 수불스님의 이 방법은 일반화될 수 없는 방법이다. 답이 일반에게 미리 알려지면, 그 방법적 효과가 없을 것이다. 진지한 답답함이 생기지 않을 테니 말이다. 답을 몰라야 답답해지니까, 내가 모르는 답이 있다고 생각해야 답답해지니까 말이다. 알아야 할 답이 더 이상 없다고 생각하면 답답해할 것이 없으니 말이다.

게임 같다. 긴 시간의 한판 게임. 나의 철학이 나를 괴롭히는 장애라는 것을 철저히 몸으로 깨닫게 되는 한판 게임. 스스로 문제를 만들고 그 문제의 답을 찾느라 괴로워하지만, 답을 찾는 순간 문제 자체도 함께 없어져버리는 것. 그러니 그동안 한 것이 안 한 것과 하나도 다를 바가 없는 것. 그러니까 철학은 정신병이라는 말이 있다. 이렇게 문제는 풀리는 것이 아니라 해소되는 것인가?

나의 지금 이 생각이 맞는 답이라면, 그럼 이 게임은 딱 한 번만 하면 되는데, 김종욱 선생과 박찬욱 선생은 왜 또 오려고 했을까? 혹 답이 아닌 건가? 그러면 정답은 뭘까? 이런 생각을 29일 새벽 2시까지 했다.

고통과 환희

답을 알았으니 답답증이 없어졌음은 확실하다. 크게 웃지 않았는가? 그래서 방 불을 끄고 자려고 누웠는데, 깜깜한 방 벽에 이상한 작은 상들, 달걀귀신처럼 해괴한 상들이 나타났다. 내게 어찌 이성적인 소지장所知障만 있고, 감정적인 번뇌장은 없겠는가? 또 의식 차원의 소지장은 그렇게 쉽게 무너진다 해도, 그보다 더 깊은 심층의 소지장도 있을 텐데, 그것도 해결해야 하지 않겠는가? 바로 그것이 내게 아직 풀리지 않은 물음이고 남은 답이지 않겠는가? '나는 누구인가?'의 궁금증은 철학을 공부하기 이전부터 이미 있었던 것이다. 그러니 답답증은 철학적 사유 이전부터 있었다. 답답해서 철학 공부를 시작했는데, 생각을 통해 더 커진 답답함은 지금 풀렸다 해도, 그 이전의 답답함은 남아 있지 않는가? 이 문제를 해결해야 한다.

얼른 옷을 갈아입고 다시 선방으로 가서 앉았다. 앉아서 화두를 들자마자 곧 온몸에 전율이 느껴지고 공포가 몰려왔다. 지하실같이 어두운 곳으로 계단을 밟고 내려가니 검은 천이 덮여 있는 아주 큰 상자가 보였다. 너무나 무서웠다. 나를 찾아 그리로 나아가면서, 이제는 '너 누구니?'가 아니라, '너 어딨니?'라고 떨면서 물었다. 그 검은 상자에 다다르자, 공포가 완전히 나를 뒤덮었다. 나는 기를 쓰며 크게 비명을 질렀다. '엄마, 엄마!' 그러고는 내가 '너 죽었니?'라고 물었고 이에 '죽었어'라고 답하다가, 문득 그건 내가 그냥 하는 말일까, 진짜 죽은 걸까를 스스로 묻기도 했다. 한참 동안 비명을 질렀다. 선방에 사람들이 있다는 것을 알고 있었지만, 이미 나의 제어 밖이었다. 온몸이 떨리고 팔이 부들거리며 머리가 엄청 아파왔다. 머리를 잡고 흔들고 소리치고 소리치다가 앞으로 엎어져서 또 비명을 질렀다. 감정을 따라 끝까지 소리쳤다. 바닥에 엎어져 바닥을 기며 비명을 지르다가 엉엉 울었다. 그리고 서서히 가라앉았다. 아, 나의 업인가? 내가 지은 업인가? 내가 당했던 느낌일까?

완전 탈진한 상태로 누군가 갖다준 물을 한 컵 마시고 옆으로 누웠다. 그러나 '계속 화두를 들라'고 누군가 말했다. 내가 왜 어려서부터 그렇게 시체 꿈을 꿨는지 이해가 갔다. 어렸을 때 반 죽은 경험이 있었나? 엄마한테 물어야겠다. 아니, 스스로 그 일을 확인하자. 다시 좌선 자세로 앉아 그 느낌에 집중했다. 또 공포가 밀려왔지만, 앞의 장면과 연결이 되지 않았다. 무슨 공포영화처럼 이것저것이 장면 장면으로 들어왔다. 사람들이 옆에 있는 것도 보였다. 누굴까? 누가 날 죽였나? 그런데 아무것도 자세히 보이지는 않았다. 그런데 내가 이렇게 살아 있잖아? 그럼 내가 지은 업장인가? 전생에서? 현생에서? 그런데 죽은 느낌이 내 몸에 배어 있는데, 그러면 내가 지은 업일 수는 없잖아? 혹시 내가 지은 업보로 미래에 내가 당할 일을 미리 본 것일까? 해결되지 않았다. 그렇게 두세 시간을 더 앉아 화두를 들었지만, 공포스러운 여러 장면이 스치고 지나갈 뿐, 앞의 상황과 연결이 되지 않았다. 수불스님이 지나간 느낌을 반복하려 노력하지 말라고도 말씀하셨던 것 같아 어찌해야 좋을지를 몰라서 그냥 방으로 돌아왔다. 5시 반이었다. 자려고 누웠지만, 잠이 오지 않았다. 도대체 누가 어떻게 죽은 것일까?

세수하고 머리 감고 다시 선방에 가서 앉았다. 앉자마자 곧 붉은색 벽이 나타났다. 순간 알았다. 나의 번뇌장이구나. 이제 어떻게 해야 하나? 답답한 느낌은 없었다. 그러니 애써 돌파하려고 해서는 안 될 것 같았다. 그냥 바라보자. '면벽'이라는 것이 상징이 아니라 실재임을 알겠다. 면벽이구나. 앞으로 이렇게 자주 앉아서 나의 업장을 닦자. 답답함이 아니라 아주 편안한 마음으로 그냥 바라보았다. 그런데 그 벽은 아주 크고 둥근 절 기둥 같았다. 옆으로는 뚫려 있었다. 그러나 돌아가지 않고 그냥 바라보기만 했다. 그 기둥 안에 있던 틈 사이를 보려고 했는데, 잘 보이지 않았다. 그런데 갑자기 그 기둥의 앞면이 옆으로 돌아가서 옆면이 되었고, 그 옆으로 길이 나 있어서 따라가기 시작했다. 아니 나는 그대로 앉아 있고, 길이 내게로 전개되는 것 같았다. 깨끗한 몇 층짜리 건물인지 자연물인지 확실치는 않은데, 공간이 쭉 이어져 있고 나는 안으로 들어갔다. 아, 여기가 불국토구나. 부처님인지 스님들인지 왔다 갔다 한다. 문득 명상하면 자유자재로 온 세계를 다 돌아다닌다는 친구 생각이 났다. 완전한 신세계였다. 이게 바로 자성청정심의 세계구나. 환희가 밀려왔다. 내가 입을 벌리고 크게 웃고 있다는 느낌이 들었다. 고개를 젖히며 저절로 솟아나는 기쁨으로 소리 없이 웃고 있었다. 이것이 환희지歡喜地일까 싶었다. 내가 지금까지 해온 것이 맞구나. 30년간 교학 공부로 고생했다고, 이제 선물을 받는구나! 너무 기분이 좋았다. 그리고 생각했다. 이렇게 즐겁고 확실한 불법을 많이 알리리라. 남편에게도 안국선원에 가보라고 해야겠다. 시어머님에게도 확실히 직접 체험하게 되실 테니 가보시라고 권해야겠다. 내가 실재와 환상을 구분하지 못하겠는가? 아, 그때 그 공포의 비명은 내가 태어나는 순간이었구나. 너무 기분 좋게 웃었다. 버스웰 선생도 여기 왔던 걸까? 웃던 그 비구니 스님도? 여기서 다 만날 수도 있을까? 완전 꿈같은 세계였다.

아침 공양 시간이라는 말이 들려오자, 갈까 말까 망설이다가 일어났다. 밥 먹고 일상을 한번 겪고 나서, 다시 돌아가보자. 금방 다시 돌아갈 수 있을 것 같았다. 그런데 식사를 마치고 다시 돌아와 계속 앉아 있었지만, 다시 돌아갈 수는 없었다. 아, 거기는 혹시 내 전생이었나? 전생에 내가 거기 있었나?

수불스님 아침 법문 후 화두를 들던 다섯 분의 스님과 차를 마셨다. 태원스님, 운문스님과 몇 분의 비구니 스님이 더 있었다. 새벽에 나의 비명을 듣고 곧 멎겠지 싶었는데 너무 오래 계속되어 다 나와 보았단다. 2시 28분에서 42분까지 비명을 질렀다고 한다. 내 얼굴이 아주 맑아졌다고 한다. 스님 중 몇 분은 이미 도인이었다. 존경스럽게 그리도 긴 시간을 그렇게 앉아 있을 수 있는 이유를 알 것 같았다.

미산스님이 보시더니 얼굴이 아주 밝아졌다고 하셨다. 나도 모르게 "선생님 덕분이에요. 아니 스님 덕분이에요" 하며 감사드렸다. 1시부터 수불스님과의 인터뷰에 오라고 하셨다. 인터뷰 시간에 수불스님에게 몇 가지 말씀을 드리자, 곧 내가 해낸 걸로 알아보셨다. 그게 탄생의 순간이냐, 그 후 간 곳이 어디냐를 알고 싶고, 그걸 알려면 어떤 방식으로 수행해야 하냐고 여쭈니, 수행은 마음을 비우면 저절로 되고 저절로 알게 된다고 말씀하셨다. 너무 조급히 알려고 하지 말라. 욕심을 내면 오히려 더 안 된다. 욕심에 기러져서는 안 된다. 마음을 비워야 알게 된다고 하셨다. 맞다. 이 말씀이 이 단계에 꼭 맞는 것이리라. 그동안 생각하고 분석하지 말라고 하셨지만, 생각을 그 자리에서 넘어서기 위해, 즉 잊기 위해 기록해 두었다고 말씀드렸더니, 나중에 보여달라고 하셨다. 나는 스님께 몇 가지 여쭤봤다.

"적절할 때 전환이 오는 것은 스님의 법력 때문이 아닌가요?"

"법력이라고 하면 날 높이는 게 돼서 이상하지만, 정진력일 수 있다."

"스님의 가피로 도움받은 것은 아닐까요? 우리를 돕고 계셨나요?"

"그러면 손 놓고 있었겠나? 호법을 서지. 공부하는 사람은 스승을 믿고, 스승은 학생이 믿을 것이라고 믿고, 그게 상부상조지."

그러면서 수불스님이 당신의 간화선법에 관해 말씀하셨다. 이 방법은 스스로 발견하신 것이라고. 스님은 전통적인 조사선의 방법으로 깨달으신 후 그냥 은닉하여 계시다가, 언제부턴가 포교당으로 나오셔서 신도들을 가르치기 시작하셨는데, 처음에는 잘 안되었단다. 신도들의 믿음이 모자라는 것도 아니고, 몇몇은 죽을 각오를 하고 정진하는데도 잘 안되는 것을 보시고, 문제는 신도가 아니라 바로 당신 자신이라고 판단하셨단다. 모두가 분명 불성이 있는데, 그런데도 그들이 말귀를 못 알아들으면, 알아듣게 말하지 못하는 내가 잘못이지, 그들의 문제가 아니라는 것이다. 그들 보고 내 말을 알아들으라고 할 것이 아니라, 내가 그들이 알아들을 수 있게 말해야 한다고 생각하셨단다. 그래서 이런저런 방식으로 시도해보다가 몇 번의 시행착오를 거쳐

이 방법을 사용하니 되더라는 것이다. 얼마나 대단한 발견인가? 얼마나 놀랄 만한 발견인가? 그저 감사할 뿐이었다. 수불스님을 만난 것은 큰 복이다. 그리고 미산스님이 함께 해주신 것 또한 큰 기쁨이다. 내가 감사히 여기는 것을 그들은 아실 거다.

예전에 어느 스님이 내 책《유식무경》인지 어느 책인지를 보고 '수행하는 마음을 나게 한다'고 말한 것을 들은 적이 있었다. 그때 난 기분 좋기보다는 우리나라 불교계가 실망스러웠다. 난 모를 뿐인데, 그걸 보고 수행심을 낸다고? 그럼 불교계가 나만도 못하단 말인가? 이제 알겠다. 나는 늘 내가 모른다는 말을 해왔었다. 나의 무지가 남들을 답답하게 하기에 그게 공부로 이끌었나 보다. 그런 효과가 있었나 보다.

잠을 자려고 누웠는데 정신이 너무 말똥말똥해서 일어나 앉았다. 줄곧 앉아 있어도 이런저런 생각이 계속 떠올랐다. 생각들을 잘 정리해서 수불스님에게 1월 초에 보여드릴 수 있게 열심히 써야겠다. 아마 이 사건 이후에도 내가 할 수 있는 일은 명상의 즐거운 시간에 빠져들기보다는, 그런 것들을 말과 개념으로 모두가 알아들을 수 있게 풀어내어 불법을 알리는 것이리라. 부처의 법, 석가의 법이라서가 아니라, 이 진리가 고통 구제의 길이기 때문이다. 난 겨우 그 문턱에 섰을 뿐이다. 이제 확실한 신념이 선다. 서서히 생사불이生死不二의 진리가 체득되리라.

기독교에는 이 고통의 단련이 없다. 자기부정은 있지만, 어느 순간 그 부정을 돌파할 힘이 자신에게서 나온다는 것을 모른다. 예수는 보통 사람이 그걸 깨닫기 힘들다는 것을 알고 무명의 답답함을 그대로 덮어주었다. 인간은 본래 모르는 것이라고, 본래 신이 아니라고 가르친다. 본래 모르는 것을 알려고 하는 것, 신이 되려고 하는 것이 원죄라고 가르친다. 맞다. 모르는 걸 알려고 하면 고통스럽다. 불교는 그 고통을 뚫고 나가라고 한다. 무명은 극복할 수 있다는 것이다. 그러나 기독교는 원죄의 짐을 지움으로써 모르는 것을 알고자 하는 답답함에서 오는 고통을 덜어준다. 기독교는 모든 이의 고통을 한 명이 대속하게 하고 그에 대한 믿음을 강조하는 데 반해, 불교는 각자에게 자기 고통을 뚫고 나가라고 하고 자신을 믿고 자신에게 의지하라고 말한다. 결국 기독교는 고통을 덜어 잠재움으로써 영원히 벗어나지 못하게 만들고, 불교는 고통을 스스로 증폭시켜 그것을 뚫고 나가라고 말한다. 동과 서가 고통을 치유하는 방식이 서로 다르다. 상처가 생겨 곪아 아프면, 서양의 마이신은 더 이상 곪지 않도록 하고, 동양의 고약은 왕창 곪아 터지게 한다. 그 차이가 아닐까?

내가 느낀 고통은 무의식에 쌓여 있다가 나오는 것이니, 그건 내가 지은 업의 결과라기보다 예전에 내가 느꼈던 고통의 발산이 아닐까? 언젠가 느꼈던 고통이 너무 커서 내 의식이 감당하지 못하고 의식 아래로 덮어 놓은 고통이 터져 나온 것이 아닐까? 아니다! 그보다 더 깊은 뜻이 떠올랐다. 무의식을 억압된 의식의 표출로만 보는 것은 '심리학적 분석'일 뿐이다. 내가 경험한 것은 그 이상이다. 개인의 의식은 각자 따로 있지만, 무의식은 심층에서 서로 하나로 통한다. 내가 느꼈던 그 감정은 과거 언젠가 내가 경험했던 두려움 또는 출생 순간의 공포가 아니라, 내가 지은 업이 무의식에 남긴 흔적이다. 내가 나의 쾌락이나 이익을 좇아 누군가를 죽이면, 그가 느낀 바로 그만큼의 고통이 내게도 생긴다. 우리는 심층마음에서 하나이기 때문이다. 다만 그는 그 고통을 직접적으로 의식하며 죽겠지만, 나는 나의 의식이 느끼는 쾌락으로 인해 무의식의 고통을 알아차리지 못한다. 그렇게 내가 남에게 고통을 가하면 꼭 그만큼의 고통이 내 마음에도 쌓이게 되고, 그 고통은 무의식에 남아 있다가 언젠간 표출되는 것이다. 일상적으로는 의식의 벽에 가려져 그 고통이 드러나지 않지만, 무의식은 고통으로 가득 차게 되고, 그래서 인생 자체가 고통스럽게 되는 것이다. 바로 이게 업보의 원리가 아니겠는가? 이렇게 선업이 락과樂果를 낳고 악업이 고과苦果를 낳는 것이 아니겠는가? 그럼 내가 언제 누굴 죽였는가? 살인일 필요가 없다. 어제 내가 모기 한 마리라도 죽였다면, 그 모기가 느낀 공포와 고통이 바로 그런 것이 아니겠는가?

이게 적절한 해석 같다. 검은 통 속에서 느낀 고통은 태어남의 고통이 아니다. 생명의 탄생은 아픔일 뿐이지 그런 전율과 공포는 아니리라. 내가 일상에서 매일 짓는 업을 바라본 것이리라. 나의 무의식에 가장 많이 쌓여 있는 악업의 흔적, 그런 것을 확인한 것이리라.

이런 식으로 나는 또 생각만 하고 있었다. 이런 생각이 다 허망분별일까? 그러나 우린 어차피 생각하지 않을 수 없다. 내가 바라는 것은 바른 사유, 바른 견해다. 그것이 없으면 나도 모르게 세상의 사유와 견해를 따르게 된다. 잘못된 견해가 아예 없다면 일부러 바른 사유를 할 필요도 없지만, 세상에 틀린 견해가 있는 한 바른 사유와 바른 견해가 필요하다. 그런 무의식의 한구석이 드러나는 것을 보고 탄생 기억인가 전생 기억인가 생각했으니, 나 스스로 잘못된 사유를 하고 있지 않았는가?

그럼 그 후의 기쁨은 뭔가? 불국토? 환희심? 아니다. 그런 생각이 망견이고 허망분별이다. 너무 앞서가며 알려고 하지 말라고 말씀하신 것은 그런 의식의 잘못된 분별이 진리를 감추기 때문이다. 내가 느꼈던 기쁨은 그전에 드러났던 고통에 대해 그 대가 되는 것으로서의 락이 드러난 것이 아닐까? 그래서 깨달은 자는 고통스러워하기도 하고 바로 곧 환희스러워하기도 한다. 고락이 하나이기에, 그것이 그렇게 함께 순차적으로 드러난 것이 아닐까?

마음 깊이 있는 장애를 바라보는데 왜 맑아질까? 왜 힘이 날까? 왜 기분이 좋을까? 그게 자성청정심인가? 그렇다. 불교에서 심층마음을 바라보는 것은 정신분석학이나 최면에서 자신의 무의식을 보는 것과는 다르다. 장애를 본 건 심층마음을 본 것이다. 심층마음은 심리학이 생각하듯 개인의 의식과만 연결되어 있는 개별적인 것이 아니다. 개인적 무의식은 개인적 의식의 투영일 뿐이다. 불교가 말하는 심층마음은 그러한 개인적 한계를 넘어선 것이다. 개인의 한계를 넘어 모든 각각의 의식이 그것으로부터 분화되는 하나의 공통된 마음, 공통의 무의식이다.

아, 결국 나는 또다시 이처럼 생각만 하고 있구나! 다시 앉으면 평온한 즐거움에 빠져들 수 있을까? 그러나 다시 좌선하고 있어 보아도 또 생각만 일어난다. 아, 그럼 나의 병은 아직도 안 고쳐진 것 아닌가? 이전과 뭐가 다르단 말인가? 생각의 장애를 넘어서지 못한 것 아닌가? 내가 찾고자 했던 것, 해내고 싶었던 것, 그런 무엇인가를 이루었다고 생각했는데, 그건 사실이 아니잖아? 아무것도 아니었잖아? 뭐가 나아졌단 말인가? 나는 다시 또 똑같이 우울해질 뿐이잖아? 나는 그저 공포로 비명을 질렀을 뿐, 그 비구니 스님이나 버스웰 선생처럼 크게 웃진 못했잖아? 결국 나는 나락으로 떨어질 뿐 빛을 보진 못한 것 아닌가?

일상으로 가는 길

오늘은 여기를 떠나 다시 일상으로 돌아가는 날, 7박 8일의 마지막 날이다. 아침에 미산스님과 마주쳤다. 내 우울한 얼굴에서 다시 아셨을 것이다. 내가 한 것이 아무것도 아니었다는 것을….

"머리가 맑아진 줄 알았는데 계속 생각만 나니, 이게 뭔가 싶을 뿐이에요."

"그동안 계속 생각하며 살았는데, 업이 어디 가겠습니까?"

결국 그 자리에 머물러 있을 수밖에 없단 말인가? 또다시 서글퍼졌다. 또 눈물이 글썽거렸다.

"앉아서 내가 경험한 무의식은 이런저런 것이고, 이건

정신분석학에서의 무의식과 뭐가 다르고, 불교는 기독교와 뭐가 다르고…, 이런 생각만 하고 있으니, 어떻게 해요?"

"그런 건 해야지요. 그게 우리가 해야 할 일이지요."

"그렇지만 그런 것은 다 분별의 업만 더 쌓아 나가는 것 아닐까요? 어제는 뭔가 느꼈다고 생각했는데, 밤새 생각해 보니 정말 아무것도 아닌 것 같아요."

"그런 식으로 뭔가인 것 같다가 다시 아닌 것 같고, 또 인 것 같고 다시 아닌 것 같고, 그럽니다. 그래도 한번 확 뚫린 것이 어디 가겠습니까? 책을 보고 생각을 해도 예전과 다를 겁니다. 어디에 매이지 말고 그냥 생각이 흘러가도록 하는 게 중요합니다."

오전에 회향식과 법회 그리고 49재가 있었다. 선방에서 있었던 회향식은 내가 장소를 헷갈려서 선방과 법당 사이를 오고 가고 하는 통에 놓쳐버렸다. 법당에서 열린 법회와 49재에는 참여했다. 그것을 마치고 우연히 버스웰 선생과 크리스티나 선생을 만나 함께 수불스님과 미산스님에게 인사드리러 갔다. 수불스님이 말씀하셨다.

"생각이 많아서 못 할 줄 알았는데, 그래도 열심히 해서 결국 해냈어."

미산스님이 어느 분이 내는 숙제라고 하시면서 말씀하

셨다.

"여기에서는 '이렇게 하면 된다'는 것을 해본 것이니까, 세 분은 '이렇게 하면 절대 안 된다'는 것을 세 가지만 말해 보세요. 숙제입니다."

내가 하긴 한 것일까? 절대로 머리로 생각하지 말고 몸으로 느끼고 답을 찾으라고 했는데, 나는 7박 8일 동안 머리로 생각만 하면서 괴로워했고, 이색 경험 후에도 다시 또 머리로 생각만 하고 있을 뿐이다. 그래도 이룬 것이 있다면, 내게 떠오르는 답은 한 가지다. '이렇게 하면 안 된다는 생각을 하면 절대로 안 된다.'

그렇게 부산에서의 7박 8일 일정을 모두 마치고 혼자 가방을 들고 안국선원을 나왔다. 8일 만에 건물 밖 세상으로 나오니, 하늘도 한층 더 맑고 대기도 신선하게 느껴졌다.

여운

안국선원에서 공부가 제대로 되지 않아 몹시 절망스럽던 어느 날, 남편에게 문자로 부산으로 오지 않겠냐고 물었다. 나와 함께 남해를 바라보면서 연말연초를 보내지 않겠냐고. 사실은 절망한 채 집으로 돌아가는 것이 두려웠다. 내가 마음을 잘 정리할 수 있을지도 모르겠고. 내가 남편에게 "선 수행이 참 어렵네요"라고 문자를 보내자, "용맹정진하여 성불하시오"라는 답장을, 애들과 어머님이 걱정된다고 하자 "아무것도 걱정하지 마세요"라는 답장을 보내주었다. 남편은 내가 원하는 일은 무엇이든지 다 해주고 싶어 하는 사람이다. 우리가 함께 연구년일 때, 남편은 경치 좋은 곳에 함께 여행 다니고 싶어 했지만, 나는 그보다는 책상 앞에 앉아 철학 공부하는 것을 더 좋아했었다. 내게 풀리지 않는 화두가 있었으니까. 남편을 부른 건 정말 잘했다는 생각이 들었다. 내게 무슨 일이 있었는지를 둘만이 있는 곳에서 다 말하고 싶었으니까. 그렇게 해서 7박 8일 과정을 마친 후 나는 부산에서 남편을 만나 다시 3박 4일 동안 남편과 함께 통영(달아공원, 미래사, 미륵산), 욕지도, 남해(금산의 보리암), 담양(소쇄원, 식영정)을 돌아다녔다.

통영으로 오는 길에 마트에 들러 몇 가지 먹을거리를 샀다. 모텔로 와서 저녁으로 회를 먹으러 나갈까 하다가 구미가 당기지 않아, 그냥 사 온 음식을 방에서 대충 먹기로 했다. 빵을 먹으면서 나의 7박 8일간의 일을 순서대로 이야기했다. 화두가 풀리지 않아 괴로워했던 과정과 생각의 장벽이 무너지는 경험, 그리고 마지막 전율과 공포의 순간을 이야기했다. 그때의 느낌과 떨림이 다시 살아나는 듯했고, 남편은 그대로 공감하며 들어주었다. 우리는 함께 그것을 이렇게 해석했다.

분명 어떤 영적 깨달음의 차원이 있다. 계속 붙잡고 있던 화두가 깨지는 순간이 바로 그 차원에 돌입하는 순간일 것이다. 그것은 우리의 일상 의식이 포착할 수 없는 영계靈界이고, 불교는 그것을 법계法界라고 할 것이다. 아마 그 공포의 순간이 바로 그 영계에 눈뜨는 순간이었을 것이다. 영계에서의 우리는 하나이기에, 사심私心으로 가려 있지 않으면 서로를 알아보게 된다. 의식 차원에서 남의 고통이 실제 내 고통으로 느껴지는 것은 영계에 눈뜸으로써 가능한 것이다. 영계에서는 우리의 일상 의식 차원에서와 같은 자타의 분별은 사라지니까.

　귀신도 영계에서의 일일 것이다. 일상인은 의식의 장애로 인해 영계를 보지 못하고 그냥 살아가지만, 영계의 눈이 열린 자는 다른 영을 본다. 다른 영이 그냥 보이는 것이다. 그래서 귀신을 보는 능력을 갖게 되기도 하고, 귀신에 씌어 정상인의 의식을 잃어버리고 미친 사람으로 살게 되기도 하며, 남의 고통이 내 고통으로 다가와 그 고통을 풀어주는 무당이 되기도 한다. 자신을 가두는 장애를 녹여 나갈수록 자타분별의 막이 녹아 없어지면서 그만큼 영적 빛이 밝게 확산되는 것이다. 장애가 사라지고 분별의 막이 없어지면서 자타불이의 범위가 점점 커지고, 그만큼 그 심층마음이 커진다. 그 마음이 일체중생을 포괄하는 마음이 되면, 그 극대의 마음, 무경계의 마음이 바로 신神의 마음이다. 그것이 바로 부처의 마음, 법신불이고 진여심이다. 영계 내지 법계는 바로 마음의 세계다. 마음은 우리의 의식보다 크다. 이 일체 우주 세간을 만들어내는 영적 힘의 세계다. 무한의 마음, 부처의 마음, 신의 마음은 일체중생이 그 안에서 하나인 마음이다. 장애를 없애 이 마음으로 나아가고자 하는 것이 불교 수행의 목적이다. 영계에 눈뜨는 것이 견성이고 돈오라면, 그럼에도 남아 있는 지난 업으로 인한 장애를 제거해가는 것이 수행이고 점수다.

불교의 수행, 간화선의 화두참구는 영적인 눈을 뜨게 하는 수행법이다. 그런데 쉽지 않다. 그런데 수불스님은 며칠 만에 중생을 눈뜨게 한다. 아마 영계가 자타불이의 세계니까, 그의 법 안에는 나의 마음이 보이니까, 영계의 문밖에서 괴로워 서성이던 나를 보고 이끌어준 것인지도 모른다. 아픈 사람을 낫게 하고 죽은 사람을 살게 한 예수의 기적보다 수불스님이 보여준 이 일이 내겐 더 경이롭다. 예수의 기적은 직접 영계를 보는 눈을 뜨게 한 것이 아니다. 알 수 없는 영계를 믿게 하려고, 영계를 말하는 자신을 믿게 하려고, 육안의 일로서 그 증거를 제시한 것이다. 기적을 보고 추론해서 영직인 힘을 믿게 하고자 한 것이다. 그런데 수불스님은 믿으라 한 것이 하나도 없다. 그냥 내가 만든 내 마음의 장벽을 스스로 괴로워하게 하고 그 괴로움을 극대화함으로써 장벽을 허물게 한 것이 전부다. 그 방법대로 그렇게 하다 보니 저절로 눈이 뜨인 것이다. 어떻게 그 방법을 생각해내셨을까? 그건 '누구나 불성이 있다'는 그 신념 때문이라고 하셨다. 소통이 안 될 때 타인의 근기를 탓하지 않고 그것을 자신의 문제라고 생각하는 것, 그 자체가 완전한 깨달음과 자비라는 생각이 든다. 고통의 출발이 무명이고 그 무명이 극복될 수 있다는 그 확신 때문에 그런 방법을 생각해낼 수 있으셨으리라.

아마 우리나라에는 그런 도인이 많을 것이다. 영계를 훤히 알고 신통력을 발휘하는 도인들이 과거에도 많이 있었고 현재도 도처에 있을 것이다. 하지만 그런 사람들이 영계의 힘을 발휘하면서 자신을 교주로 내세우고 주변에 신도만을 산출해낸다면, 그건 자신의 힘을 유익하게 쓰지 못하는 것이다. 그렇지 않고 자신의 깨달음을 자기처럼 근기가 높은 제자 한두 명에게만 비밀처럼 전수시키는 것도 하화중생, 홍익인간의 길이 아니다. 일체중생이 다 불성을 가지고 있으므로 견성과 성불이 가능하다는 것을 뼛속 깊이 알아서 그것을 온몸으로 실천하는 삶, 그게 진정한 보살의 삶이라는 생각이 든다. 수불스님의 보살심에 감사할 뿐이다. 수불스님이 이 땅에서, 이 나라에서 이루실 일은 과연 무엇일까? 부디 모든 중생이 자신의 본성에 눈뜨게 되는 것이기를, 누구나 깨달은 자가 되는 것이기를 빌어본다.

다음 날 31일 아침에 일어나 통영 달아공원에 가서 남해 앞바다를 바라보고, 미래사로 가서 삼배를 드린 후, 케이블카를 타고 미륵산에 올라갔다. 미륵산 꼭대기에서 한 분이

400여 년 전 일을 설명하고 있었다. 이순신 장군이 한산도 대첩에서 적은 수의 군함으로 그보다 훨씬 많은 왜선을 물리쳤는데, 그것은 세계 4대 해전 중의 하나로 한국의 운명을 결정짓는 일이었다고 했다. 조선말 국권피탈로 우리가 36년간 일본에 속국이 되었던 걸 생각해보면, 그때 이순신 장군이 패했더라면 우리가 어찌 되었을지 상상해볼 수 있을 것이라고 말했다. 나라를 사랑하는 사람이 도처에 있다는 것이 가슴 벅차게 느껴졌다.

오후에는 배를 타고 욕지도로 가서 작년에 남편이 묵었던 펜션으로 찾아갔다. 남편은 늘 욕지도를 한국에서 가장 아름다운 섬으로 떠올리며, 특히 이 펜션에서 보이는 바다 풍경을 아주 극찬해왔다. 과연 아름다웠다. 회색빛 바위 위에 초록빛 나뭇잎이 어우러진 크고 작은, 멀고 가까운 섬들이 푸른 바다 위에 파도를 따라 출렁였고, 나는 이 섬에서 저 섬으로 저 섬에서 이 섬으로 둥실둥실 춤을 추며 돌아다녔다. 하늘이 북치고 바다가 장구치고 파도가 노래했다.

일상은 달라진 것이 하나도 없었다. 7박 8일 동안 내가 했던 생각들은 모두 그전에 이미 했었던 생각들이었고, 다른 누구라도 할 수 있는 생각들이었다. 다만 내 생애에서 가장 처음 일어난 이색 체험은 바로 공포와 전율이었다. 그 사건이 있고 난 뒤 옆에서 본 사람들이 내게 '해냈다'라고 말했다. 그건 어떤 사건이었던 걸까?

내가 느낀 그 공포가 내가 지은 업의 흔적이 맞다면, 내가 남에게 던져준 고통이 그것과 똑같은 고통을 그 그림자처럼 내 마음 안에 남기는 것이라면, 이는 곧 우리가 의식 아닌 무의식에서 같은 것을 느끼는 존재라는 것, 서로 구분되지 않는 불이不二의 존재라는 것을 말해준다. 의식의 차원에서는 너와 내가 구분되지만, 심층마음의 차원에서는 너와 나는 하나고 일심이다.

너와 나, 일체를 서로 구분되는 것으로만 바라보는 것은 우리가 상相만 보고 성性을 보지 못하기 때문이다. 다양한 상의 세계를 산출해내는 것은 하나의 동일한 성의 세계다. 성의 세계에서는 일체가 하나로 통한다. 너와 나라는 표층적 분별과 그로 인한 서로 간의 장애가 없는 세계다. 내가 남긴 업력이 발현되기 이전에 이미 몸으로 생생하게 느끼는 것은 심층마음을 머리로 생각하는 것이 아니라 직관하는 것이다. 심층마음의 세계는 현상계가 아니라 영계다. 내게 공포의 순간은 곧 의식의 한계를 넘어서는 순간, 영계를 볼 수 있는 눈을 뜨는 순간이었을 것이다.

우리 의식이 그려내는 세계보다 더 깊은 세계가 바로 영계다. 영계에서는 의식의 분별이 사라지기에, 서로가 서로를 직접 느낀다. 아니 아예 서로라는 말 자체가 성립하지 않는다. 그렇게 조금씩 경계가 허물어지면서 더 큰 영계를 볼 수 있는 눈이 열리게 된다. 영계에서 하나임을 자각한 자는 실재에서도 하나로 작용할 수 있는 힘을 가지게 된다. 영계에서는 실제로 하나이기 때문에, 영계에 눈뜬 자는 그 안에서 다른 눈감은 자를 이끌어줄 수가 있다. 우리가 하는 간절한 기도나 염불이 그 효과를 가질 수 있는 것이다. 우리가 간절히 원하면 그 심층마음의 소망을 영계의 존재가 듣고 그 원을 들어줄 수 있으며, 우리가 간절한 마음으로 영적 존재의 이름을 부르면 그렇게 이름 불린 자가 거기 응할 수 있는 것이 아니겠는가?

이런 식으로 나는 그 순간의 공포와 전율을 내가 영계에 눈뜨면서 감지하게 된, 내 심층에 쌓여 있던 고통이라고 생각했다. 의식에서는 남이지만 심층에서는 나와 다를 바 없는 것을 내가 죽였으니, 그 순간 그가 느낀 고통이 내 안에도 남아 있을 수밖에 없는 것이라고 생각했다. 일상의 눈으로는 그것을 감지하지 못하지만, 영계의 눈이 열리면 의식이 심층으로 내려가 그 고통을 감지하게 되는 것이라고 생각했다. 그래서 바닷가를 돌아다녀도 이제 더 이상 싱싱한

회를 먹고 싶다는 마음이 생기지 않았다. 예전부터 나는 워낙 고기를 좋아했다. 그러면서 늘 혼자 생각했다. '나는 생각으로는 채식을 하고 싶은데, 고기가 더 맛있다. 일부러 고기는 안 먹고 채식만 하기는 싫다. 내가 바라는 것은 고기가 맛이 없어지는 것이다. 그래서 저절로 채식만 하게 되길 바란다.' 가끔 이런 것이 식탐의 자기합리화가 아닐까 하고 의심해보기도 했지만, 그래도 그렇게 했다. 그런데 이젠 정말 고기 먹고 싶다는 생각이 하나도 들지 않았다.

욕지도에서 석양을 바라보고는 차로 섬 주위를 한 바퀴 돌았다. 보름달인가 싶었다. 휘영청 밝은 달빛이 바다를 비추니, 달빛을 받은 바다 일부는 훤하게 빛나고 나머지 일부는 검게 남아 있었다. 아름다운 밤, 바다가 달을 쫓아 사랑을 나누는 밤이었다.

영계에 눈뜬다는 것은 곧 그 안에서 느껴지는 자타불이의 감정에 따라 더 이상 현상세계에서도 자타분별이나 시비분별을 일으키지 않는다는 것을 뜻한다. 예전에는 그 경지를 단지 머릿속으로만 생각했을 뿐인데, 이젠 그것이 감정으로 체화된 느낌이다. 예전에는 누가 뭐라고 하면, 꼭 그 말뜻이 뭔가를 따지려 들었다. 그게 옳은지 그른지, 그게 의미가 있는지 없는지, 그리고 내 생각은 왜 그것과 다른지를 꼭 밝히고 싶어 했다. 나는 알고 싶었으니까. 그냥 하나라는 느낌에 따라 들어가지지 않고, 이 모든 것이 무엇을 의미하는지, 내가 누구인지를 꼭 알고 싶었으니까. 남편이 등산을 가자고 하면, 나는 그 시간에 차라리 퇴계 책을 읽는 것이 더 낫다고 생각했다. 내게 풀리지 않은 물음, 그 물음을 퇴계는 어떻게 풀었는지 그게 미치도록 궁금했으니까. 어디에 길이 있는지 발견하기 위해, 내 화두의 답을 찾기 위해 철학의 세계, 생각의 세계를 휘젓고 다녔다. 그런데 갑자기 이제 남편이 '이걸 하자' 하면, '그래 그러자'라는 마음이 된다. 예전 같으면 마음 상하거나 화가 났을 법한 상황에서도 전혀 아무렇지가 않다. 꼭 뭘 해야 한다는 생각도 들지 않고, 이러다가 일이 안되면 어쩌지라는 걱정도 되지 않는다. 내가 꼭 하려고 하지 않아도 이루어질 일은 저절로 이루어지게 되리라는 것, 세상을 이끄는 것은 나의 의식이나 판단이 아니라 우리 모두가 하나로 소통하고 있는 심층마음의 힘이라는 것, 그것을 내가 이미 알고 있는 것 같았다.

부산에서 수불스님과 면담할 때, 앞으로 어떻게 마음공부를 계속해야 하냐고 물으니까, 그냥 마음을 비우면 저절로 된다고 하셨다. 스님들처럼 마음공부하는 동학들끼리 함께 모여 그 분위기 속에서 공부해 나가야 그게 가능하지, 나처럼 집에 가서 또 애들과 투닥거리면서 지내도 그게 가능하겠는가 묻자, 애들이 바뀔 거라고 하셨다. 내가 바뀐 걸 보고 애들이 그걸 곧 알아차리고 바뀔 거라고. 그러면 내가 먼저 바뀌어야 하지 않냐고 묻자, 말씀하셨다. 그냥 평소대로 하면 된다고. 갑자기 바꾸려고 하지 말라고. 그냥 저절로 될 거라고.

그때는 정말 그럴까 싶었다. 이제는 정말 그렇구나 싶다. 심층마음에서 우리가 하나라는 것, 그것을 이전에는 머리로 생각하여 알 뿐이었는데, 이제는 그 마음의 본래 자리로 찾아 들어가 실제 하나로 느끼고 있는 것이구나 싶다. 그러니 이제 더 이상 나의 표층의식에 떠오르는 현상세계의 일들이 걱정되지 않는다. 앞으로는 모든 일이 그 심층의 질서에 따라 일어날 일은 일어나고 일어나지 않을 일은 일어나지 않겠구나 싶다. 아이들과도, 내 주변 사람들과도 내 의식적 사려분별을 떠나 그 심층에서 이미 하나로 소통하고 있으니, 내가 나의 사심에 의해 다시 눈멀어지지 않는 한, 보이지 않는 그 세계에서 내 마음의 폭이 점점 더 크게 확장되겠구나 싶다.

문득 내 주변의 사람들이 이미 열린 마음으로 살아가는

사람들이라는 걸 알 수 있었다. 언제나 자신보다는 남을 먼저 생각하고 사심 없이 사는 사람들, 남의 고통을 함께 아파하고 남의 즐거움을 함께 기뻐하는 사람들, 그 모든 중생이 이미 다 자성청정심으로 살아가는 부처로구나! 나만 스스로 생각의 벽을 쌓고 그 벽에 둘러싸여 괴로워하면서 그 밖으로 나가고 싶어 몸부림쳤던 것이구나. 모두 이미 그 밖에 있는 것을! 그래도 그것이 억울하거나 후회스럽지 않았다. 그게 내 안의 업이었구나. 알고 싶어 한 것, 눈뜨고 싶어 한 것, 아니 눈뜬다는 것이 무엇인지를 서술형으로 알아내고 싶어 기어이 눈을 감고 헤매고 다닌 것, 그것이 바로 내가 풀어야 할 나의 업이었구나! 눈뜬다는 것이 무엇인지를 알기 위해 눈을 감고 그 답답함을 견뎌야 했다. 그 답답함이 극대화될 때 생각의 벽이 무너진 것은 나 스스로 심층마음으로 나아가 눈뜰 준비를 한 것이다. 그리고 눈뜨는 그 순간은 바로 생각의 내가 죽고 심층의 내가 새로 태어나는 것이기에 공포와 전율이 느껴졌던 것이다. 그러면 그때 죽은 자가 바로 그 순간의 나 자신이었나? 나는 그렇게 해서 다시 태어난 것인가?

그러나 이 일체는 다시 또 내 마음이 떠올리는 나의 생각이 아닌가? 문득 이것이 나의 생각이라는 생각이 들면, 다시 의심이 뒤따른다. 나는 진리를 본 것일까? 나는 눈떴다고 말하지만, 그리고 내 안에서 어떤 변화가 분명 일어나긴 했지만, 사실 나는 그것이 어떻게 해서 일어났는지 아직도 분명하게 알지 못한다. 처음부터 나는 내 생각의 벽이 무너진 것, 그리고 공포가 덮쳐왔던 것이 과연 어떻게 해서 가능했던 것인지 궁금했다. 심층에서 우리가 이미 하나이기에, 영이 다른 영을 직접 보기에, 수불스님이 나를 끌어준 것은 아닐까? 그걸 부처님의 가피라고 말하지 않는가? 그래서 깨달음을 얻기 위해서는 선지식이 꼭 필요한 것이고, 삼보에 승보가 속하는 것이 아닐까?

그러고 보니 내게 일어난 심정적 변화는 소위 기독교인들의 체험과 유사한 것 같다. 그들은 나의 답답함과 공포의 체험을 죄지음과 회계와 참회를 통해 하느님 나라에 다시 태어나는 순간으로, 하느님과의 만남으로 이해할 것이다. 그 일 이후에 내가 느끼는 평안을 하느님께 온전히 맡기며, 하느님이 나를 굽어보고 보살펴주시리라는 믿음으로 해석할 것이다. 그 하느님 나라로 이끌어주는 자가 바로 예수가 되는 것이다. 예수를 믿으면 그 믿음으로 인해 그 세계에 다시 태어날 수 있는 것이다. 그래서 믿음을 강조한다. 실제 안수기도나 부흥회에서 나와 비슷한 체험을 하고,

그 뒤 삶의 태도 변화가 일어나는 경우가 종종, 아니 많이 있지 않겠는가? 수불스님은 무명에 빠진 중생을 눈뜨게 하시면서, 심층마음 내지 영계에 새로 거듭나게 하시면서, 그 일이 기독교 교회에서 일어나는 일과 어떻게 다르다고 생각하실까? 불교는 무명을 깨치라고 하지만, 그리고 무명을 깨쳐 성불할 수 있다고 하지만, 눈떠도 끝내 무명은 깨쳐지지 않을는지도 모른다. 나는 아직도 그 심층 세계를 바라보는 눈이 열리는 그 순간이 어떻게 가능했던 것인지 알지 못한다. 무명이 극복되지 않는 한, 우리는 끝내 우리 한계를 벗어나지 못하는 것 아닌가? 우리 자신이 법신불이 되지 못한다면, 법신은 결국 우리 마음 바깥에 있는 것이 아닌가?

나는 내가 왜 그 순간 공포와 전율로 비명만 지르고 버스웰 선생이나 그 비구니 스님처럼 웃음을 터뜨리지는 못했는지 알 것 같다. 웃지 못한 것은 내가 원하는 바가 아직 성취되지 않았기 때문이다. 내가 이루고자 하는 것은 무명에서 완전히 벗어나는 것, 성불하는 것, 부처의 경지에 이르는 것이다. 그런데 석가모니 당시 수행자들은 수행의 목표를 아라한과에 두었다. 그렇다면 결국 우리는 부처가 될 수 없다는 말인가? 신이 될 수 없다는 말인가? 그런데 대승불교, 선불교는 견성성불見性成佛을 말한다. 그러니 궁극의 깨달음을 이루어 성불하는 것이 가능하지 않겠는가? 답은 수행을 통해서만 찾을 수 있을 것이다. 이렇게 해서 나는 다시 나의 화두를 잡는다. 나는 누구인가? 나는 다시 웃게 될 수 있을까?

남해금산 보리암에 서서 넓게 펼쳐진 바다를 바라보며 원을 세운다. 내게 보리를 주소서! 내게 지혜를 주소서! 나무아미타불 관세음보살!

2부

안국선원 이후 미황사 가기까지

구도의 마음과 10년 후의 기약

부산에서의 7박 8일에 이어 남해안 여러 곳을 3박 4일 동안 여행하고 집에 돌아온 건 1월 2일 토요일이었다. 오랜만에 집에 와서 일요일까지는 집안일에 적응하다가 1월 4일 학교에 나가 글쓰기를 마저 다하여 '부산에서의 7박 8일'이라는 파일을 완성했다.

그렇게 완성한 글을 출력해서 오후 4시쯤 안국선원으로 향했다. 그날은 눈이 엄청나게 내렸다. 뉴스에서는 기상관측 이후 100년 만에 가장 눈이 많이 내린 날이라고 했다. 그날 길이 하도 미끄러워서 버스도 천천히 기어간 데다, 버스에서 내려 안국선원으로 걸어가는 길엔 적막과 어둠이 내려앉아 있었다. 가득 쌓인 눈 속에 발이 푹푹 빠지고 미끄러워 비틀거리는데, 마치 도道를 찾아 전진하는 구도자 같은 그런 묘한 느낌이 들기도 했다. 문득 천년도 넘은 먼 옛 불법을 구해 당나라를 향해 첫발을 내딛던 원효와 의상의 심정도 이와 비슷하지 않았을까? 아니면 이백여 년 전 서울에서 서학을 배우겠다고 정약용, 이승훈, 이벽 등이 모임 장소로 나아갈 때도 이런 느낌이 아니었을까?

도착하고 보니 수불스님은 이미 선원에 계시지 않았다. 그냥 그곳에 글만 놓고 돌아가려 했는데, 사무실에 계시던 분이 스님 계신 곳에 전화를 해보더니, 그곳으로 직접 가져다드리라며 약도를 그려주었다. 안국선원에서 멀지 않은 한옥이었다. 그곳을 찾아가니, 수불스님이 은암거사라는 분과 석천거사라는 분과 함께 계셨다. 수불스님만 계셨다면, 글만 불쑥 드리고 나왔을 텐데, 다행히 다른 분들이 계셔서 더 머물러 있을 수 있었다. 공부 기간도 아닌데 이렇게 가까이서 수불스님을 직접 뵙고 말씀을 들을 수 있게 되어 내심 무척 좋았지만, 가슴은 마구 떨렸다. 수행 기간과는 또 다른 인자한 모습으로 '어떠하냐?'라고 물으셨는데, 나는 마치 면접 보는 학생처럼 당황스러웠다.

"아직 잘 모르겠습니다. 제가 경험한 것이 정확히 뭔지, 그 의미가 뭔지 잘 모르겠습니다."

사실 내가 뭘 알고 뭘 모르는 건지, 나 자신도 정확하지 않았다.

"그런 경험이 어떻게 가능한 건지 그걸 모르겠기에, 아직 답답합니다."

계속 한탄만 하자 스님이 말씀하셨다.

"그걸 어떻게 지금 훤히 다 알아? 아이고, 너무 급하게 알려고 하지 말고 마음을 비워놓으면 돼. 시간이 지나가면 저절로 알게 돼."

나는 운이 좋았다. 저녁 시간이 되어 거사님들과 함께 그 한옥에서 저녁을 먹었다. 맛있는 한식. 지난번 부산에서 먹었던 그런 맛이었다. 더욱 운이 좋았던 것은 그곳에서 무량심 회장보살님도 뵌 것이다. 부산에서 다른 사람들이 회장님을 뵙고 그분이 관세음보살 같다고 말했었는데, 나는 그저 먼발치에서 보고 인사만 드렸을 뿐, 마주 앉아 이야기할 기회가 없었다. 저녁 먹고 나서 다시 수불스님과 거사님들이 밤이 늦도록 이야기를 나눴는데, 나도 그 곁에 앉아 있을 수 있었다.

헤어질 무렵 은암거사님이 수불스님 법문《몽산법어》CD를 챙겨 주셨다. 될 수 있으면 법회 시간에 법문을 들으러 와서 공부 분위기에 익숙해지는 것이 중요하다고 말씀하셨다. 그러리라 마음먹었다. 나중에 또 이런 차담이 있으면 연락주시겠다고 하시면서, 다음 차담은 1월 6일이라고 하셨다. 이것도 부처님의 가피가 아닐까?

1월 6일 저녁에 차담에 갔다. 뜻밖에 김종욱 선생과 박찬욱 선생을 거기에서 다시 만났다. 작년 가을쯤 어느 회의에 참여하기 위해 김종욱 선생의 차를 타고 함께 가던 도중, 김종욱 선생이 여름에 부산 안국선원에서 선 수행에 참여했었는데 아주 좋은 경험이었다고 말했었다. 나는 늘 불교 이론 공부만 할 뿐 선지식 아래 제대로 선 수행을 해보지 못한 것을 안타까워했던 터라 가보고 싶다고 말했다. 그렇게 해서 이 겨울에 안국선원에 가게 된 것이다. 그런데 그 가는 길을 박찬욱 선생이 챙겨주시기에 웬 고마움인가 싶었는데, 이 차담에서 다시 그 김종욱 선생과 박찬욱 선생을 만나게 되니까, 이게 무슨 우연인가 인연인가 싶었다. 차담에는 그 외 몇 분이 더 있었다. 군법사이신 오성거사가 차를 만들어주는 팽주 역할을 했고, 수불수님의 간화선 수행법에 대해 정리하는 글을 쓰고 있다는 김홍근 선생도 있었다. 무량심 회장보살님과 자애로운 인상의 고법심 보살님도 함께 계셨다. 늦은 시간에 미산스님도 오셔서 자리를 함께하셨다. 나는 그 한자리에서 미산스님과 수불스님을 함께 뵙게 된 것이 무척이나 기뻤다. 수불스님이 내 글을 보시고 어떤 말씀을 해주실지가 무척 궁금했다. 하지만 긴 말씀은 안 하셨다.

"아직은 아니고, 10년 뒤에 나한테 다시 진짜로 감사할거요. 이게 글 쓴 것에 대한 내 감상이요."

아, 10년! 나는 지금 알고 싶은데, 10년 뒤에나 알게 되다니! 너무 길다고 느껴졌다. 그러나 그때라도 모든 것이 확연해진다면, 다행 아닌가? 그리고 내게 충고해주셨다.

"그런데 맨 끝에 쓴 것처럼 다시 '나는 누구인가?'의 화두를 들지는 마시오."

공부를 마쳤을 때도 너무 욕심내어 알려고 하지 말고 마음을 비우라고 하셨다. 그 말씀에 따라 너무 급히 알려고 안달하지 않으려고 마음먹기는 했지만, 그래도 마음은 여전히 조급하고 불안했다. '나는 누구인가?'를 묻지 말라고 하시는데, 이 물음이 내겐 아직 충분히 끝난 물음이 아닌데, 어찌해야 좋단 말인가?

간단한 다과와 더불어 차를 마시면서 정해진 규칙 없이 상황과 분위기에 따라 자연스럽게 간화선에 대한 이런저런 이야기들이 오고 갔다. 《선요》와 《벽암록》의 구절들이 튀어나오고, 중국 선사들과 한국 선사들의 이야기가 시간과 장소에 구애됨이 없이 종횡무진으로 펼쳐졌다. 그냥 앉아서 듣는 것만으로도 내게 청정한 문훈습종자聞熏習種子들이 쌓여 나가겠구나 생각하니, 여러 가지로 모든 인연에 감사한 마음이 들었다.

진정한 소통의 추구

부산에서의 체험은 내게 많은 생각을 정리하게 하는 '끝'이 아니라, 오히려 새로운 생각을 무진장으로 불러일으키는 '시작'이었다. 나는 이 시작을 어떻게 받아들여야 할지 잘 몰랐고, 또 남들은 자신의 체험을 어떻게 해석하는지 무척 궁금했다. 그래서인가 안국선원에서 이 공부를 마친 사람들과 만나고 싶다는 생각이 들었다.

'부산 안국선원에서의 7박 8일'의 글을 완성한 뒤, 곧바로 함께 부산을 다녀온 성승연, 박성현, 정준영 선생과 부산에 가는 길에 도움을 주었던 박찬욱, 김종욱 선생에게 동시에 메일을 보냈다. 나는 평소에 고맙다거나 한번 만나보고 싶다거나 하는 말을 잘하지 못한다. 그런데 그 메일에서 나는 내가 부산에 갈 수 있게 해주었던 모든 인연에 감사한다는 마음, 그리고 함께 모임을 가져 이야기를 나누고 싶다는 바람, 그리고 부산에서의 경험을 글로 기록해두었다는 사실 등을 스스럼없이 전했다. 메일을 다 쓰고 보내면서 '내가 정말 변하긴 했구나'라는 생각이 들었다.

곧 정준영 선생에게 한번 만나자는 답장이 왔고, 이어 박찬욱 선생도 내 제안에 공감하는 답을 보내왔다. 그러면서 말미에 내 글을 보고 싶다는 말이 있어서 기쁜 마음에 파일을 보내주었다. 며칠 후 성승연 선생에게도 답장이 왔다. 내 글이 궁금하다는 말이 있어 더 기뻤다. 얼른 파일을 보내면서 작은 변명을 덧붙였다.

"사실 저는 제 생각을 정리하려고 글을 쓰지만, 다 쓰고 나면 도대체 남들은 이 글에 대해 뭐라 생각할까 궁금해서 막 남들에게 보여주고 싶어져요. 그런데 그동안 별로 보여달라고 하는 사람이 없었어요. 박찬욱 선생님이 볼 수 있냐고 물어보셔서 흔쾌히 보내드렸는데, 사실 그런 잡다하고 허접한 생각들로 길기만 한 글, 남들은 별로 관심 없고 읽고 싶어 하지 않는다는 것, 저도 잘 알고 있습니다. 그래도 보내드릴게요. 같은 시간에 한 장소에서 헤매고 있었으니, 그래도 조금은 재미있지 않을까요? 그리고 여러 사례를 두루 아시는 것이 선생님의 상담심리연구에 도움이 될 수 있지 않을까 싶네요. 혹 어떤 의미에서든 제 글을 보시고 떠오르는 생각이 있으면 다 말씀해주세요. 상담심리학적 차원에서 분석된 결과라도요."

이렇게 길게 변명을 늘어놓은 것을 보니, 내 글을 읽어달라고 여기저기 파일을 보내는 것이 어딘가 좀 쑥스럽게 느껴졌던 것 같다. 나는 왜 글을 쓰고, 또 그것을 남들에게 보이고 싶어 할까?

사실 나는 어렸을 때부터 글 쓰는 것을 좋아했다. 그런데 그 글이 문학적으로 아름답거나 창의적인 아이디어가 돋보이는 글이라기보다 늘 무언가를 정리하는 글에 가까웠다. 계명대에 있을 시절, 불문과 교수 이성복 시인이 불교나 서양철학에 관해 쓴 내 글을 보고, 정리를 꽤 잘해놓았다고 말한 적이 있다. 이는 곧 내 글이 정리 수준의 글이라는 말일 것이다. 그렇지만 나는 단순히 청소하듯 정리하는 글이 아니라, 영감이나 예지가 번득이는 글을 쓰고 싶다는 꿈이 있었다. 시인이나 소설가처럼, 도스토옙스키나 톨스토이처럼 철학을 담은 문학작품을 쓰고 싶었던 것이다. 그러나 그게 어디 바란다고 될 일이겠는가? 문학은 타고난 천재성을 요구하지만, 철학은 그저 진득하게 앉아서 책을 읽고 사유할 수 있는 사람이라면 누구든 해볼 수 있는 것이고, 그 래서 나 같은 평범한 사람도 걸어갈 수 있는 길이라고 여겼다. 그렇게 해서 나는 철학을 선택했다. 그리고 지금까지도 글을 정리하는 데 머물러 있을 뿐이다.

어려서부터 글 쓰는 것을 좋아해서인지, 늘 생각을 정리하고픈 바람 때문이었는지, 일기를 꾸준히 써왔다. 대학 1학년 여름방학쯤이었을까? 문득 나는 그간의 일기장을 모두 모아놓고, 한 권의 책을 만들어야겠다는 생각이 들었다. 그래서 그중 의미 있다고 여겨지는 글들을 골라 원고지에 옮겨 적었다. 아마도 대학생이 되기까지의 삶을 스스로 정리해보고 싶은 충동이 일었던 것 같다. 그렇게 몇 주에 걸쳐 상당한 분량을 다 정리해놓고는, 결국 원고 전부를 책장 서랍에 넣어버렸다. 그 원고는 지금까지 책장 서랍 밖으로 나오지 못한 채 남아 있다. 그 이후 나는 일기를 거의 쓰지 않았다. 일기에 담고 싶은 생각들을 철학 리포트나 논문에 표현하자. 내 삶과 나의 철학이 둘로 분리되지 않도록, 내 모든 생각이 철학을 통해 표출되도록 단 하나의 통로만을 남겨놓자. 그것이 그때 내가 한 생각이었다. 그렇게 나는 철학에 모든 것을 걸었다. 그 때문이었을까? 시간이 지나면서 내 글은 점점 더 건조하고 딱딱해져 갔다.

대학 1학년 시절, 우리 반에는 현재 극작가로 활동 중인 송지나가 있었다. 학교 잡지에 실린 그녀의 단편을 읽으며, 마음속으로 무척 부러워했던 기억이 난다. 그때의 송지나는 밝고 활달하며 자신감 넘치는 모습이었다. 그에 비해 나는 소심하고 침울해서 말도, 글도 제대로 하지 못했다. 내 자신이 한심하게 느껴졌지만 그렇다고 나를 버릴 수도 없으니, 결국 내가 할 수 있는 길, 철학의 길로 나를 밀어넣었던 것 같다. 그러다 어느 순간부터는 철학이 없는 삶을 상상하기 힘들어졌다. 그래서 학생들에게 이렇게 말하곤 한다.

"철학을 하지 않으면 인생이 아깝지."

나는 우리 집 아이들 역시 문학, 사학, 철학 중 한 분야를 전공하기를 바라지만, 뜻대로 되지는 않는다. 큰 아이는 문과를 택했지만, 작은 아이는 문과로 시작해놓고 고2가 되면서 이과로 전향했다. 큰 아이는 엄마가 하는 철학이나 아빠가 하는 문학보다는 차라리 역사가 낫겠다고 한다.

어쨌거나 나는 글쓰기를 좋아해서 문장이 주절주절 길어지곤 하지만, 이번에 부산에서 쓴 글은 정작 재미도 없고 특별한 통찰도 없어 남들이 굳이 읽고 싶어 하지는 않을 것 같았다. 그럼에도 며칠을 망설이다가 결국 미산스님에게도 그 파일을 보내드렸다. 돌이켜보면 부산에서 내가 가장 감사함을 느꼈던 분이 바로 수불스님과 미산스님이었다. 그 마음을 꼭 전하고 싶었다. 미산스님에게는 부산에서 여러 모로 이끌어주신 데 대해 진심으로 감사드린다고 말씀드렸다. 실제로 부산에서 미산스님은 학승들과 내가 눈뜨기를 바라면서 지극정성으로 밤늦도록 함께하셨는데, 그 모습을 보고 많이 감탄하고 또 반성했었다. 우리 교수들은 대개 학생들을 위해 수업하고 가끔 면담이나 하면 제 역할을 다했다고 생각하고는 나머지 시간은 자기 연구에 쓰는데, 선지식으로서 스님이 보여주신 모습은 그것과 비교가 되지 않는 철저한 자비행이었기 때문이다. 다른 사람의 영혼에 어떻게 다가갈 수 있는 것일까?

그러고 나서 며칠 후 인문대 선생 몇 명과 학교 근처에서 저녁을 먹다가, 미산스님의 전화를 받았다. 메일을 이제야 확인하고 읽어봤다고 하셨다. 어떻게 그렇게 그때그때마다의 생각을 잘 기록해 놓았냐고 하시면서, 정말 잘했다고 하셨던 것 같다. 그리고 공부를 마치고 나서 계속 자신의 마음을 잘 다스리고 유지해 나가는 것이 중요하다는 등 여러 말씀을 해주셨다. 소란스러운 음식점 바깥으로 나와 빗물 떨어지는 소리 너머로 스님의 목소리를 들으면서 많이 기쁘고 감사한 마음이 들었다.

1월 22일 안국동에서 부산에서의 동지들을 다시 만났다. 성승연, 박성현, 정준영 그리고 박찬욱 선생과 나였다. 앞의 세 명은 같은 대학에서 함께 차를 타고 왔는데, 좀 늦는 통에 박찬욱 선생과 1시간가량 조용히 이야기를 나눌 수 있었다. 그때 그는 내 글을 읽고 난 소감을 말해주었다. 그가 무슨 말을 했었던가? 난 정말로 기억력이 좋지 않다. 아마 그래서 늘 기록을 남기려고 하나보다. 기록해놓지 않으면 아무것도 머릿속에 남아 있는 것이 없다. 그렇게 나의 삶에 아무 자취가 없는 것이 섭섭해서 흔적을 남기느라 글을 쓰는가 보다. 여태까지 사람들이 웬 책을 그렇게 많이 썼냐고 물으면, "전 말을 잘 못해서 대신 글을 즐겨 쓰는 것 같아요"라고 대답했었는데, 그게 아닌 것 같다. 머리가 나빠서 아는 것을 잊어버리기 전에 기록을 남기느라, 자꾸 글을 쓰게 되는 것 같다. 어쨌거나 박찬욱 선생이 내 글에 대해 무슨 말을 했었는지는 잘 기억나지 않는다.

"한 선생님은 어렸을 때부터 꽤 철학적이었나 봐요."

"왜요?"

"어렸을 때부터 '나는 누구인가'를 생각했다는 그런 말이 있어서요."

이 정도의 말만 생각난다. 그리고 박찬욱 선생의 개인사에 대해 들었던 말이 기억난다. 불교학과를 가고 싶었지만, 집안의 반대로 중국어를 전공했다는 것, 그 후 대한적십자사에서 일했지만 수행이나 사회적 실천에 대한 관심을 버릴 수 없어 이런저런 수행을 많이 찾아다녔다는 것, 그러다가 안국선원과 인연이 닿아 수불스님의 집중수행에 참여하게 되었고, 그 인연이 이어져 '밝은사람들연구소'를 운영하게 되었다는 것 등을 알게 되었다.

잠시 후 다섯 명이 다 모여 우리는 함께 저녁을 먹고 이런저런 이야기를 나누었다. 여기에서도 크게 기억나는 것은 없다. 일상적인 이야기를 하다가, 각각 부산에서 체험하고 느꼈던 것을 돌아가면서 이야기했던 것 같다. 성승연 선생은 마지막 날 심신상의 색다른 경험이 있긴 했지만, 그것보다는 화두를 들고 며칠 안 되어 일체의 허망함이 뼛속 깊이 느껴졌다던 그 체험에 더 큰 의미를 부여하는 것 같았다. 박성현 선생으로부터는 생사고뇌가 아직 해결되지 않아 공부로부터 무엇인가를 더 기다리고 있다는 느낌을 받았다. 정준영 선생은 위빠사나 수행을 오래한 덕분에 선 수행에서 일어날 수 있는 여러 감각을 곧바로 알아차릴 수 있었겠지만, 그것이 또 그의 한계일 수도 있으리라는 생각이 들었다. 그에게는 일체가 너무나도 분명하기에 더 이상의 기다림이 없는 것처럼 느껴졌다. 나도 내가 겪었던 것들을 대충 이야기했던 것 같다. 그러나 다른 사람들이 그것에 대해 어떤 생각을 했는지는 잘 모르겠다.

나는 늘 사람과 만나면 서로 나눈 대화 속에서 만남의 의미를 찾으려고 했던 것 같다. 그러니까 생각을 나누기 힘든 사람과는 함께 있는 것 자체를 힘들어했다. 대화를 하지 않으면, 그 만남은 피상적이고 실패한 만남이라는 생각을 했던 것 같다. 그러면서도 나는 또 사람들과 대화하기를 얼마나 힘들어했는가? 그러니까 모든 만남이 내겐 어려울 뿐이었다. 그렇지만 나는 인간의 가치가 생각에 있는 것이 결코 아니라는 것 또한 직감적으로 알고 있었다. 생각이 그 사람 자체로부터 분리되어 허공중에 떠다닐 수 있다는 것, 빈 개념으로 이루어진 말들만 오갈 뿐 아무런 인격적 교감이 없는 그런 대화 아닌 대화가 도처에 난무하다는 것, 그것을 모르지 않았다. 그러니까 말을 꺼내기는 어렵고, 그렇다고 말을 안 하고 있는 것은 더욱더 어려울 뿐이었다. 이는 아직까지 해결되지 않은 난제다.

하지만 이제는 조금은 다르게 세상을 보고 조금은 다르게 사람들과 관계하고 싶다. 생각을 나누는 대화보다 더 깊은 소통이 있다는 것, 누구나 이미 알고 있을 이 진리를 좀 더 진지하게 받아들이고 싶다. 언어적·개념적으로 소통하는 것은 2차적 소통이다. 보다 근원적인 1차적 소통은 언어적·개념적 분별 이전에 이미 마음에서 마음으로 일어나고 있다. 단지 표층의식이 그것을 포착하지 못할 뿐이다. 그렇지만 우리의 생각은 이미 그 소통의 영향을 받고 있다. 의식이 포착하지 못하기에 흔히 그것을 몸 안에서 일어나는 일이라고 여기지만, 실제 그 소통의 자리는 몸도 의식도 아니고, 그 둘을 포괄하는 마음이다. 내 마음은 처음부터 내 몸의 경계나 내 의식의 경계 바깥에 있으면서 타인의 마음과 한자리에 있는 것이다.

그러니까 내가 상대를 아는 것은 꼭 대화를 통해서만은 아니다. 개념적·언어적 분별을 강조하며 거기에다만 크게 의미를 부여하는 사람일수록 오히려 마음의 소통에 무감각하고 의식이 편협한 사람일 수 있다. 말을 통해 내가 무얼 생각하는지를 알려주고 그가 무얼 생각하는지를 알려고 하기보다는 오히려 함께 있는 순간 내가 무얼 느끼고 그가 무얼 느끼는지를 더 민감하게 알아차리려고 하는 것이 보다 나은 소통의 길일지도 모른다. 차라리 생각을 멈춰버리는 것, 차라리 마음을 비워버리는 것이 진정한 소통의 방식인지 모른다.

생각과 생각 너머

나는 부산에서의 경험을 남에게 알리고 싶은 마음이 컸다. 내가 한 경험이 과연 무엇이고 그것을 어떻게 이해해야 하는지 나 스스로 명확하지 않았기 때문에, 내 경험과 그것에 대한 나의 해석에 남들은 어떤 생각을 하며 또 어떤 의견을 줄지가 무척 궁금했다.

부산 동지들 이외에 내 글을 처음 보낸 사람은 작년 가을쯤 내 책의 독자라고 하면서 메일을 주고받다가 알게 된 김은희 선생이었다. 그녀는 교육심리를 공부하고 미국에서 학위를 받아 대학에서 학생들을 가르치다가, 어떤 깨달음을 얻은 후 일체를 접고 귀국하여 마음공부에 전념하고 있었다. 내가 부산에서 뭔가 새로운 경험을 했는데 그 뜻을 아직 다 자세히 알 수가 없어 생각들을 글로 정리해보았다고 했더니, 이에 관심을 표현하기에 파일을 보내주었다.

그녀는 긴 답변을 보내주었다. 내 글을 열심히 읽어주고 길게 화답해준 것이 무척 감사했다. 내용 대부분은 체험 중이나 체험 후 수불스님의 말씀 속에서 내가 읽어낼 수 있었던 것과 크게 다르지 않았다. 뭔가 깨달으면 다 비슷한 마음 상태가 되는구나. 그녀의 긴 화답에 반해 나는 그다지 길지 않게 답했다. 아마 '너무 생각하지 말고 마음을 비우라'는 수불스님의 말씀에 따라 더 이상 생각에 이끌려가지 않으려고 했는지 모른다. 아니면 김은희 선생도 내가 너무 생각이 많다고 하면서, 그 생각의 내용은 별 의미가 없다고, 새로운 깨달음을 가져다주는 것은 결코 생각이 아니라고 답해준 것이 조금은 불만스러웠는지도 모르겠다. 나는 부산에서 했던 생각들에 대해 구체적인 의견 내지 분석을 듣고 싶었던 것이다. 생각이 잘못되었다면, 어느 생각이 왜 잘못되었는지 구체적인 지적을 바랐던 것 같다. 그런데 그 모든 생각을 한가지로 뭉뚱그려서, 떠오르는 생각의 카드를 모두 다 써서 쓸 수 있는 카드가 더 이상 없는 지점에 이르게 될 때 눈뜨게 된다고 말하는 것은, 결국 생각의 구체적 내용은 아무 의미가 없다는 말 아닌가? 물론 궁극적으로는 없을 수도 있다. 그러나 우리의 삶은 각자의 생각에 이끌려간다. 이런 생각이든 저런 생각이든 다 업의 결과이고 그 업장이 다해서 생각이 끝나야 그 너머로 나아간다면, 결국 생각으로 살아가는 우리의 삶은 그냥 살아지는 것일 뿐 내가 할 일은 없다는 말 아닌가? 능동적으로 '살아가는 것'은 '삶'이지만, 수동적으로 '살아지는 것'은 곧 '사라지는 것', 바로 '죽음'이 아닌가? 언젠가 해석학을 전공하신 연세대 박순영 교수님이 하신 말씀이다. 이처럼 생각의 구체적인 내용에 별다른 의미가 부여되지 않는다는 것을 상기하게 되면, 나는 아마도 절망의 구렁텅이로 빠져들고 마는가 보다. 바로 그 지점이 내 삶에의 집착 또는 철학에의 집착이리라. 마치 아킬레스건처럼 누군가 이 지점을 건드리면 나는 힘없이 쓰러지며 그저 말문이 막힐 뿐이다. 나는 철학과 종교(수행), 념念과 무념無念, 유상有相과 무상無相, 그 둘 사이의 경계선상에 서서 비틀거릴 뿐, 그중 어느 하나에도 철저하지 못하기 때문이다. 그래서 김은희 선생의 긴 글에 고마움을 느끼면서도 짧게 답할 수밖에 없었던 것 같다. 나는 답장에다 이렇게 썼다.

"'서두르지 않고 서서히 문제를 풀어나가야겠구나'라는 생각이 듭니다만, 철학에서 품었던 모든 문제를 생각으로 한 가닥 한 가닥 풀어나가는 것, 그것만이 제 마음이 편해질 수 있는 길이고, 또 그것만이 제가 다른 사람들에게 뭔가 해줄 수 있는 길이라는 생각이 듭니다"

그녀는 분명 나보다 한 수 위다. 그녀는 나의 답장을 통해 내가 무엇에 매달리고 무엇을 두려워하고 있는지를 금방 알아본 것 같았다. 그리고 그녀는 나보다 훨씬 더 친절하고 남을 위로할 줄도 알았다.

"선생님은 정말 타고난 철학자세요."

이렇게 말하면서 그녀는 다시 나를 위로해주는 긴 글을 보내주었다. 그녀에 비해 나는 그다지 친절하지도 않고 남을 배려할 줄도 모른다. 나는 꽤 이기적으로 내가 원하는 것만을 구하고 바란다. 어려서부터 그런 생각을 했었다. 초등학생 시절, 나는 몰려다니는 친구들이 같이 어울려 잘 놀면서도 돌아서서는 서로 욕을 한다는 사실을 알고는 인간의 어울림이란 꽤 가식이라고 생각했다. 방과 후 집에 가는 길이 같다고 같이 다니고, 어제 같이 놀았기에 오늘 같이 놀고, 혼자 다니기 어색하니까 함께 몰려다니고, 나는 이런 것들이 싫었다. 나는 내가 정말 좋다고 생각하는 것만 하리라. 나는 상대도 내게 그렇게 하기를 바랐다. 나는 내 친구가 나와 같이 가는 것이 좋아서 같이 다니기를 바라지, 집에 가는 방향이 같다고 그냥 같이 가는 것은 싫으니까.

　이런 사고방식 때문에 나는 친구 사귀는 것이 꽤 어려웠다. 좋든 싫든 그냥 어울려 지내보지 않고 어떻게 친구가 될 수 있겠는가? 중고등학생 시절에도 친구가 별로 없었다. 어느 순간인가 그건 어쩔 수 없는 일이라고 생각했다. 서로 생각이 다르니, 친구 되기가 힘들겠지. 그러나 대학생이 되면 같은 생각을 하는 사람들끼리 모이니, 그때 좋은 친구를 많이 만나게 되겠지 생각했다. 그러나 대학생 때도 우리 학년 철학과생은 10명이 채 안 되었다. 게다가 나의 성격이 이미 너무 소극적이고 폐쇄적이어서 친구 만들기가 힘들었다. 그때는 '그래, 철학을 전공해도 인생길이 다르니 친구 되기가 쉽지 않은 거겠지. 나중에 학계에서 만나는 사람들히고는 서로 잘 통히고 좋은 친구가 될 수 있겠지' 생각했다. 이렇게 나는 친구 만들기를 미뤄왔지만, 그건 결국 친구 없이 혼자 지내는 것에 익숙해지는 길이었을 뿐이었다.

　대학 시절 철학 공부를 하면서 이해하기 힘든 물음 중의 하나가 '타인의 마음을 어떻게 알 수 있는가?'였다. 물론 내 마음도, 내가 누구인지도 잘 알지 못했지만 말이다. 그래도 후설은 '타인의 마음'의 존재 및 인식에 대한 철학적 논증을 시도하기라도 했다. 하이데거는 그냥 "현존재(Dasein)는 곧 함께-존재함(Mit-sein)이다"라고 주장했다. 내 존재 안에 어떤 방식으로 타인의 존재가 스며들어 있단 말인가? 이 물음은 내겐 해결되지 않는 문제였다. 신옥희 선생님의 실존철학 수업 시간에 이 풀리지 않는 물음이 너무도 가슴 답답하여 눈물을 흘렸던 기억이 난다. 나를 답답하게 만들었던 것, 그것은 철학이었을까? 삶이었을까? 김은희 선생 말대로 나에겐 철학 그 자체가 삶이었다. 알고자 하지만 철학적으로 그 답을 알 수 없는 문제가 끝까지 나를 따라다니면서 괴롭히는 그야말로 목에 걸린 밥송이 같은 것이었다.

궁극적으로 안심의 자리로 나아가는 것은 생각을 넘어서는 것이지만, 그 자리로 나아가기까지 생각을 거칠 수밖에 없는 것은 나 자신의 업 때문일 거라고 그녀는 말했다. 나 자신의 업으로 인해 일으킨 생각이니, 나 스스로 풀 수밖에 없단 말이겠지. 그렇다면 7박 8일 동안 그곳에 앉아서 내가 했던 온갖 생각은 모두 무의미한 사고 유희였단 말인가? 나는 한편으로는 생각 바깥으로 나가고 싶어 하면서도, 다른 한편으로는 함께 생각을 나눌 사람을 찾고 있었던 것 같다. 다른 사람들은 수행 과정에서 어떤 생각을 했을까? 어떤 생각을 통해 생각을 넘어설 수 있었을까?

그녀가 길게 답변해주었는데, 내가 별로 그에 잘 응하지 못하니까, 그녀는 다시 다른 주제로 말을 걸어왔다. 나의 책《칸트철학에의 초대》를 읽고 칸트에 대해 몇 가지 물었다. '세계가 어떻게 시작되었는가? 유한인가 무한인가의 물음은 잘못된 물음 아닌가? 오히려 무시무종이 진리 아닌가? 세계가 객관적으로 존재하는 것이 아니라 인간의 의식이 그려내는 현상이라면, 그런 현상으로서의 세계 너머는 '비어 있음'이라고도 말하기 힘든 것 아닌가? 비어 있음이 어떤 '것'으로 여겨지게 되니 말이다. 또 칸트철학에서 경험적 자아와 초월적 주체의 구분은 불교에서 말하는 생멸의 마음과 진여의 마음으로 볼 수 있는가?' 이런 것들에 대한 나의 의견을 물었다. 나는 메일을 받으면 곧 답장을 보내는 편이다. 아마 마주 앉아 이야기하는 것보다 컴퓨터를 마주하며 글쓰기를 더 편하게 느끼는지도 모른다. 나는 그녀의 물음에 대해 이렇게 답했다.

"'현상으로서의 세계 너머는 비어 있음이라고도 말할 수 없는 것 아니냐? 인간의 의식이 닿을 수 없는 것 아니냐?' 이런 말이지요? 비어 있다고 말하면 또 어떤 '것' 같기에요? 어떤 '것' 같다고 여기는 것도 문제지만, 아예 아무것도 아닌 것 같이 여기는 것도 문제라고 봐요. 저는 그 비어 있음, 공이 인간의 의식(제6의식)으로 닿을 수는 없지만, 그게 바로 우리의 '심', 본래면목, 진여심이라고 생각해요. 그러니까 칸트에서 현상으로서의 '경험적 자아', 그것 너머의 '초월적 자아'의 구분과 그 관계는 생멸심과 진여심의 관계와 같지 않을까요? 그리고 세계의 유한과 무한에 관한 논의를 큰스님이 중요한 문제가 아니라고 말씀하셨다지만, 스님 본인이 그 문제를 끝까지 생각해보고 중요한 문제가 아니라고 판단했다면, 누군가 같은 의문을 품고 생각해보려고 하는데 그건 중요한 문제가 아니라고 잘라 말하는 것은 의미가 없다고 봐요. 스스로 사유해서 그 사유의 한계에 부딪히고 뚫고 나가는 것보다 더 중요한 것이 어딨겠어요. '무시무종이 진리다'라는 체득한 바를 남에게 전달하려면, 결국 문자로 해명할 수밖에 없잖아요. '세계는 유한한가, 무한한가?'가 왜 올바른 질문이 아닌지, 그게 왜 어느 하나로 대답될 수 없는 것인지는 바로 칸트가 제1, 제2 안티노미로 답하고자 한 것이죠."

나의 답장을 보면, 어딘가 불만이 있어 보인다. 또다시 나의 약점이 건드려진 것인지 모른다. 언어도단 차원의 깨달음만 강조하고, 일반 범부가 접근할 수 있는 언어적 차원의 철학적 논변을 부정하면 어쩌자는 거냐고, 마치 싸움이라도 거는 것 같다. 하지만 그녀는 나보다 한 수 위라 단번에 그것을 알아차리고 나보다 훨씬 더 부드러운 말로 답변해주었다. 그녀는 세계의 시작점이나 유한·무한의 논의는 논의 자체가 잘못이라기보다, 자칫 그런 논의가 '지금 여기'를 벗어난 업식業識 차원의 생각으로 떨어질 우려가 있다는 것, 물론 체득한 바를 소통하기 위해서는 언어가 필요하긴 한데 그렇게 말로 전달하는 것에는 한계가 있다는 것, 사실 각자가 똑같이 체득한 바에 대해서만 소통이 가능하고, 한 사람만 체득하고 다른 사람은 체득하지 못했다면 어떤 말로도 소통이 안 되더라는 것 등을 이야기했다.

맞는 말이다. 이미 체득한 자는 손가락을 치켜세우면 곧 달을 보겠지만, 아직 체득하지 못한 자는 손가락에만, 문자에만 매달릴 것이다. 그것이 학계에서 흔히 벌어지는 일이 아니겠는가? 그녀와 나 사이에 오간 편지는 여기까지가 끝이다. 그 이후 얼마 전까지 나는 내가 보낸 답장을 끝으로 서신 왕래가 끊어졌다고 생각하고 있었다. 그런데 다시 보니 내가 답장을 안 보낸 거였다. 나는 늘 나에 대해 이상한 열등감을 가지고 있는 것 같다. 이번 경우도 그렇다. 나는 김은희 선생도 결국 내 성격이 이상하다고 생각하고 더 이상 메일을 보내지 않는다고 생각하고 있었다. 사람과 잘 어울리지 못하게 하는 내 안의 그 무엇! 분명 나는 내 안에 그런 것이 있다고 생각하면서 살아간다. 그게 정확히 무엇인지, 그걸 어떻게 극복할 수 있는지, 그 정체를 확실히 알지는 못하지만, 언제나 내 안에 그것이 있는 것 같아 늘 마음이 무겁다. 그래서 사람 관계가 서먹해지거나 멀어지면, '또 내 안의 그것 때문이구나' 생각하며 더 멀어지게 된다. 그러니까 대체로 남 탓은 잘 하지 않는 편이다. 무슨 일이 생기면 내 탓인가 싶다. 그런데 그것이 어쩔 수 없는 것이라, 나를 심하게 비난하거나 못살게 굴지는 않는다. 그냥 '내 한계구나' 생각하면서 잘 잊어버리고 만다. 다만 마음에 어두운 그림자가 스치고 지나가며 조금씩 그 어둠을 더 짙게 만들어갈 뿐이다. 마치 화선지에 빈 하늘을 그리고자 붓 씻은 물통의 물로 희미하게 색을 입히듯, 그렇게 색이 있는 것도 아니고 없는 것도 아니게 어렴풋한 흔적만이 남겨진다.

7박 8일간의 경험을 누군가와 꼭 나누고 싶었지만, 누구에게 내 글을 읽어달라고 막 들이밀 수 있단 말인가? 누가 내 생각을 궁금해할지 곰곰이 생각해보니, 관심 있게 들어줄 사람은 학생들뿐이지 싶었다. 철학과 대학원생들 중에서 불교를 공부하면서 그래도 내게 무언가 배울 것이 있다고 생각하는 학생으로 고은진, 한경옥 두 명이 떠올랐다. 나는 그들에게 메일을 보내, 부산 안국선원에서 겪은 체험을 공유하고, 두 사람 모두 불교로 학위 논문을 준비하고 있으니, 그런 공부와 경험이 어떨지 고민해보라고 제안했다. 그러면서 내가 쓴 파일을 보냈다.

메일을 보내고 며칠 지났는데도 답장이 오지 않자, 나는 더 기다리지 못하고 한경옥 선생에게 전화했다. 그녀는 서강대에서 종교학으로 석사 학위를 받고 이대 철학과 박사 과정에 입학하여 한국불교를 공부하고, 현재는 지눌의 사상을 중심으로 논문을 구상하고 있다. 그녀와는 나름 마음 편하게 이런저런 이야기를 함께 나눌 수 있을 정도로 가깝게 지내는 사이다. 그런데 내가 보내준 글을 아직 다 읽지 못했다고 했다. 아마 앞부분에서 내가 너무 괴로워하고 있다 보니, 쭉 읽어 내려가기가 쉽지 않았나 보다. 그녀는 수불스님의 공부 방식이 뛰어나 보이기는 하지만, 본인이 당장 그 공부를 하러 갈 생각은 없다고 말했다. 예전에 마음 심층에서 올라오는 어두운 힘 때문에 꽤 힘든 시간을 보낸 적이 있어, 아직은 자신의 내면 또는 무의식을 직면할 자신이 없다고, 현재는 평범하게 일상을 잘 살아 나가는 것에 더 마음을 두고 싶다고 했다. 그럴 수 있을 것 같았다. 사람마다 자신 안에, 일단은 가만히 덮어두고서 그 힘을 순화하고 조복시켜야 할 번뇌가 있을 수 있을 테니까. 예민한 사람일수록, 번뇌가 클수록, 그 내면에 접근하기가 더 조심스럽고 신중할 수 있을 것이다. 특히 선생이 파일을 보내며 읽어달라고 했으니, 부담이 더 컸을 수도 있겠다. 게다가 전화까지 하며 채근했으니 말이다.

그렇게 통화를 마친 당일, 한경옥 선생에게서 글을 마저 다 읽었다는 답장을 받았다. 그녀는 예전에 미얀마 스님 '우 사야도'의 위빠사나에 대한 글을 읽고 나서, 자기도 모르게 그 위빠사나 수행을 따라하면서 마음의 평안을 많이 얻었다고 말했다. 그러면서 수불스님의 공부 방법도 수긍하는 것 같았다.

　"'생각을 끊는 건 불가능하다. 계속 화두만 잡고 있으라. 화두만 잡고 있는 것은 질문하는 것이 아니라 답을 찾는 거다. 답을 찾는 건 적극적으로 생각하는 게 아니라, 계속 궁금해하는 것, 마치 누군가의 이름을 기억하려고 애쓰는 것처럼….' 이 말씀만으로도 아주 실질적인 힘이 느껴져요. 물론 이걸 혼자 하려면 아마 잘 안되겠지요. 말씀하신 대로 수불스님이 크신 자비심이 큰 도움이 될 것 같아요. '중생이 무지해서 못 깨닫는 게 아니라, 내가 잘못 가르쳐서 못 깨닫는 거'라니, 정말 훌륭하신 말씀입니다."

　이렇게 말하면서 언젠가 그 공부를 해보고 싶다는 말을 덧붙였다.

　고은진 선생으로부터는 한참 후에야 답장을 받았다. 그녀는 나의 체험을 '견성見性'이라고 칭했다. 그녀도 제주도 한라산 너머 서귀포 남국선원에서 자주 참선을 하고 있고,

오랜 참선 생활을 한 결과 마음이 평안하다고 이야기하면서, 언제 기회가 되면 수불스님 공부도 꼭 해보고 싶다고 말했다. 그러면서 내 글이 좋았다는 말도 덧붙였다.

"논리와 감성이 씨실과 날실처럼 잘 짜여 있으면서도 철학 병에 걸린 사람의 마음을 너무도 절절하게 표현해주시니 고마움과 더불어 동지애마저 생깁니다. 뭐든지 머리로 이해되지 않으면 안 되는 병에 걸려보지 않은 사람은 그 마음을 모를 겁니다. 교수님은 그 병 때문에 늦게 견성하셨지만, 그 병 덕에 그 병에 걸린 사람들에게 길을 가르쳐주시게 되었으니, 교수님껜 병이면서도 약인 셈이 되었네요."

이 말은 내게 큰 위로가 되었다. 그녀는 제주도 사람이다. 이대 철학과에서 박사과정을 수료하고 한국불교로 논문을 준비하면서 제주대 철학과에서 강의하고 있는데, 본래는 국문과 출신의 시인이다. 몇 해 전 내게 자작시를 보내준 적이 있었는데, 정말 내 맘에 쏙 드는 시였다. 그녀는 철학적이고 개념적인 사유를 아름다운 문학적 표현으로 바꿔내어 편안하게 읽을 수 있는 시를 쓴다. 그런 시인이 내 글이 좋다고 하니까 기분이 좋았다.

답장을 받아 읽다 보니, 내 글에 대해 답변해주는 말을 듣고 싶어서 학생 두 명을 너무 괴롭힌 것은 아닌가 싶었다. 박사과정 수료이면 이미 자신의 사상체계를 구축하고 자기 세계를 갖고 바쁜 나날을 보낼 텐데 말이다. 그러면서 염치없이 나는 또 서울에 사는 한경옥 선생한테 한 가지 부탁을 했다. 내가 부산에서 돌아온 이후 하인리히 두물린의 《선과 깨달음》과 박성배의 《깨침과 깨달음》이란 책을 읽었는데, '혹시 수불스님의 공부 방식이 이전 일본 교토학파의 그것과 유사한 것은 아닐까?' 하는 생각이 들어 그쪽으로 한 번 공부해보고 싶다는 마음이 들었다. 그런데 니시타니 게이지의 《종교란 무엇인가?》라는 책이 이미 품절 상태라, 그 책을 구할 수 있으면 복사본을 만들어달라는 부탁이었다.

선생의 부탁을 학생이 어찌 마다할 수 있겠는가? 별로 배울 만한 게 없는 선생이라면, 학생들은 정말 억울할 것이다. 등록금 내서 교수를 다 먹여 살리는데, 게다가 잔심부름까지 해야 한다면 화도 나겠지. 교수가 뭐라고. 사실 난 요즘 세상에 대학교수만큼 편한 직업이 또 있을까 싶다. 자기가 하고 싶은 공부하고 자기가 하고 싶은 강의 골라서 하는데, 월급도 받고 연구실도 받고, 게다가 일 년의 반은 완전히 자유로운 방학이다. 나는 돈 내고 하라고 해도 철학 공부를 했을 것 같다. 그런데 그 교수 먹여 살리는 대학생들은 어떤가? 꼭 공부를 하고 싶어 대학에 오는 것도 아니다. 직장을 갖기 위해, 사회에 살아남기 위해 할 수 없이 오는 사람이 태반일 것이다. 한때는 이런 생각도 들었다. 마치 옛날 산도적놈들이 산의 길목을 막아놓고 지나가는 사람한테서 물건을 강탈했던 것처럼, 우리 현대사회는 청소년들이 직장사회로 나아가는 길목에다 대학이라는 장치를 마련해놓고, 제도적으로 합법적으로 그들 또는 그들 부모의 돈을 털어가는 것은 아닐까? 나도 거기 한몫하고 있는 것은 아닐까? 그에 반해 학생들은 친절하다. 내가 시키는 잔심부름도 마다치 않고 잘 들어주니 말이다.

2월 중순쯤 학교에서 제주도로 1박 2일 전체교수회의를 갔을 때는 제주도에 도착해서 고은진 선생에게 전화하여 잠시 만났었다. 제주도까지 가서 건물 속에 들어앉아 교수회의를 하고 있기는 좀 답답하게 느껴진 데다, 그녀를 오랫동안 보지 못했기 때문이었다. 차를 몰고 급히 달려온 그녀를 오랜만에 다시 만났을 때 그녀의 얼굴이 아주 맑고 꽤 어려 보였다. 내가 느낌을 전하자, 그녀는 자신 있게 대답했다.

"좌선을 해서 그래요."

둘이 함께 바닷가 바위에 앉아 잠시 명상을 하기도 하고 바닷가를 걷기도 하며 짧지만 좋은 시간을 보냈다.

방학에 철학과 석사과정생 신상후로부터 오랜만에 메일을 받았다. 학부 때 방황을 많이 하면서 수행도 하고 그러다가 복학한 후 나의 관념론 수업을 들으면서 관념론 철학에 많이 매료되었다던 학생이다. 동양철학을 계속 공부하려고 민족문화추진회에서 한문 공부도 하는 등, 아주 열성적이고 성실한 학생이다. 오랜만의 안부 인사였다. 그녀는 나에게 없는 자신감과 당당함을 갖고 있는 학생이라 내가 부러워하기도 하고 또 아끼는 학생이다. 가끔 철학 또는 마음공부에 대해 서로의 생각을 거리낌 없이 이야기해오던 사이인지라, 답장을 보내면서 내 글을 보내주었다. 분명 어떤 감상이든 적어 보내리라는 기대가 있었다.

그리고 얼마 후 그녀의 답장을 받았다. 내가 보냈던 글이 그녀 마음속에 일으킨 지진이 대단했다고 했다. 그녀는 다음 날 그녀의 일기장을 내게 읽어보라고 보내주었다. 내 글을 보고 격한 심정에 쓴 글을 있는 그대로 보여주려는 마음이 들었었나 보다. 거기엔 내 글에 대한 감상뿐 아니라, 그 글을 읽고 떠오른 자기 자신과 자기 가족에 대한 여러 이야기가 실려 있었다. 그동안 잘 안다고 생각했지만, 일기를 보니 그녀에게 또 다른 면이 있다는 것을 알게 되었다. 나는 메일로 그녀에게 답했다.

"난 본래 눈을 떴던 적도 없고, 지금도 뭔가 깨달은 것이 있는 것도 아니에요. 내 사람됨에서나 강의에서나 뭔가 큰 변화가 있을 거라고는 기대하지 마세요. 그런데 별 변화 없어도 될 만큼 나 본래 부드럽고 편안한 사람 아니었나요? (ㅎㅎ) 사실 나 자신에게서 변화된 건 별로 없고, 다만 다른 사람들을 보는 데에서 내 마음이 좀 더 편안해진 것 같아요. 그게 신상후가 말했듯, 공감 능력이 좀 더 생긴 건지 모르죠. 인(仁)이 공감 능력인 건 맞는 말 같아요. 그리고 그게 제일 중요한 것도 사실인 것 같고요. 모든 수행이라는 것이 결국은 공감 능력을 확장하는 것이라고 생각해요. 수행은 마음을 무한으로 확장하려는 노력이고, 그 결과는 결국 공감이겠죠. 그러고 보니 왜 대개 착한 사람들이 힘들게 사는지, 왜 냉정하고 이기적인 사람들이 세상을 더 편하게 사는지, 그게 이해돼요. 그런 현실이 슬프긴 하지만, 어쩌겠어요. 힘든 만큼 얻는 게 있겠죠. 다른 사람의 마음을 얻고, 그래서 자기 마음과 자기 세계가 커지는 거겠죠. 난 본래 닦인 사람이 아니라, 꽤 냉정한 사람이었던 거예요. 언제나 남들과 소통하지 못하는 그런 답답함 때문에 괴로워했죠. 마치 비닐랩에 싸여 있는 듯한 느낌. 그게 나에게 철학을 하게 추동한 거고, 소통을 꿈꾸며 글을 쓰게 한 거죠. 그러니 신상후처럼 씩씩한 사람을 처음부터 부러워했었어요. 내가 가지고 있지 않은 당당함을 가진 사람으로 보였으니까요. 신상후의 글을 읽다 보니, 역시 우리 각자 안에 수천 수만의 모습이 다 들어 있고, 각자의 마음 안에 부처, 구도자, 범부, 축생, 지옥생 등 온갖 모습이 다 함께하는구나 하는 생각이 들어요. 그러면서 좋은 모습, 나쁜 모습을 종종 남에게 투사하죠. 그런데 그게 결국은 다 자기 자신인 거예요. 그러니 누구나 이미 마음 심층에서는 다 소통하면서 사는 거죠. 아니 소통이 아니라 이미 하나로 사는 거죠. 하나인데 스스로 담을 쌓고 사는 거겠죠. 난 본래 공감 능력도 남을 위한 마음도 별로 없었으니 착했던 것도 아니고, 만약 내가 이룬 게 있다면, 뭔가 이룰 만큼의 공이 있었다면, 그건 단지 그저 나에게 충실했다는 것, 그것뿐이지 않나 싶어요."

그녀는 내 답장을 읽고 마음이 좀 더 평온해졌다고 썼다. 만일 내가 누군가에게 글로라도 작은 도움을 줄 수 있다면, 그건 퍽 다행한 일이라고 생각했다. 그런 것 이외에 내가 남을 위해 하는 것이라곤 하나도 없기 때문이다.

학생으로 만난 사람 중에 내가 글을 보내도 이상하게 생각하지 않을 사람이 한 명 더 있었는데, 바로 원불교 교무로 있으면서 현재 독일에 유학 중인 염관진 교무다. 내가 계명대에 있을 때부터 알았으니, 아마 15년 정도 알고 지냈던 것 같다. 처음에 내 책을 보고 한번 만나고 싶다며, 자신의 졸업논문을 들고 나를 찾아왔었다. 그 후 계명대 대학원에 오려고 했지만 내가 이대로 가게 되었고, 그러자 그는 서울에서 고려대 대학원 석사과정에 다니면서 이대 대학원 수업을 청강하기도 했다. 그러다가 베를린대학에 철학 공부를 하러 가서 칸트철학으로 논문을 쓰고 있다. 그간 책이나 글을 쓰면 종종 보내곤 했기에, 이번에도 파일을 보내보았다.

역시나 곧 답장이 왔다. 내 글을 세밀하게 읽고 그 구체적 내용을 언급하면서 내 생각을 자세히 캐묻는 사람은 아마 그가 처음이자 마지막이었던 것 같다. 내 글을 보고 자신은 우둔해서 잘 이해하지 못하는 것 같다든가, 자신은 나와 대화 상대자가 될 능력이 없는 것 같다든가 하며 스스로를 낮추고 있었지만, 사실 내 글을 있는 그대로 가장 진지하게 이해하려 하고, 또 그래서 그만큼 내 뜻대로 파악하고 읽어준 사람이 바로 그가 아닐까 생각한다. 높고 낮음을 떠나 상대가 무슨 마음에서 이 말을 했는지를 상대의 틀에 들어와 이해해보려는 노력, 그건 상대에 대한 대단한 신뢰를 전제하지 않고는 불가능한 일이다. 내가 모르는 무엇을 상대가 알고 있을 거라는 기대, 그리고 상대의 정신세계를 알고 싶다는 바람, 이런 것이 있어야 상대의 생각에 귀를 기울이게 된다. 그러고 보면 자신 안에 일어나는 한계의 느낌은 사실은 한계 밖에 선 마음이 일으킨 느낌이라는 것, 절망의 느낌은 사실은 희망과 기회의 느낌이라는 것, 그런 역설이 떠오른다. 그가 답장에서 내게 구체적으로 질문을 던졌기에, 나는 최대한 상세히 답변해주었다. 그가 물었다.

"선생님은 생각이 이미 내 개체 경계 밖에서 온다고 하셨습니다. 지워야 할 것은 물 이외의 것이 아니고 바로 물 자체라고 하셨습니다. 이 부분을 저는 저의 우둔함으로 이해할 수 없었습니다."

"여기서 물 자체를 지워본다는 것은 그것이 답이 아니기 때문이 아니라, 바로 그것이 답이기에 그것을 발견하기 위해 지워본다는 것이에요. 물을 물로 알아보기 위해 그것을 부정해본다는 거죠. 마치 공기가 있음을 알기 위해 코를 막아 공기의 통로를 막아보듯이, 그래야만 공기를 공기로 알아보게 되듯이(공기의 통로를 막으면 답답해서 죽겠잖아요), 내 한계 바깥을 지워봄으로써 내 본래 자리가 원래 한계 바깥임을 알아본다는 거죠. 그러니까 물 안에 갑, 을, 병이 있을 때, 물을 물로 알기 위해 갑, 을, 병을 치워보는 것이 마음을 편안하게 가라앉히는 수행법(선정)이라면, 그와 반대로 오히려 갑, 을, 병이 있는 것에 상관하지 않고 단적으로 물을 없애봄으로써 답답함에 미치게 만드는 것(의정, 의단을 형성하는 것)이 마음을 극단으로 몰고 가는 수행법(간화선)인 거죠. 흔히 선방에서 하는 수행이 전자라면, 수불스님이 요구하는 수행법은 후자인 것 같아요. 수불스님이 그저 화두(문제)만 외우는 '조사선'이 아니라, 단도직입적으로 답을 찾는 '간화선'을 하라고 말씀하실 때도 바로 이런 구분 위에서, 전자가 아니라 후자를 하라는 뜻이 아닌가 싶어요. 그러니까 물을 지워보는 것은 물을 제대로 알아보기 위해서인 거죠. 본각本覺을 확인하기 위한 시각始覺을 얻는 방법인 셈이죠."

"감성과 오성의 형식은 감각과 경험으로 생긴 생각들을 지울 때 드러날 수 있고, 그렇게 지우는 과정 자체가 바로 자유의 발현이고 감성과 오성의 근원이라고 배웠습니다. 형식마저도 지워야 한다는 말씀인지요?"

"앞의 두 가지 수행법 따라 말하자면, 내용을 지우고 형식을 찾는 것은 전자의 방법인 셈이에요. 칸트는 그런 식으로 형식을 찾죠. 인식형식은 그렇게 찾을 수도 있을 것 같아요. 다만 자신의 본래면목, 진여는 그런 식으로 찾을 수 없죠. 그러니까 칸트는 형식을 찾았어도 '초월적 자아'에 대한 직관은 얻을 수 없다고 주장하잖아요."

"경험으로 인해 생긴 생각과 경험 너머에서 경험을 가능하게 해주는 근원적 생각과의 구분이 필요한 것은 아닌지요?"

"물론 그런 구분을 해야죠."

"본인이 물음을 던지지 못하고 남에게 빌린 물음으로 어떻게 답을 찾을 수가 있나요? 설령 답을 찾는다 해도 그 물음은 각자의 근기에 따라 이해된 물음일 것이고 답도 천차만별일 텐데, 그래서 물음은 더 이상 스님이 주신 질문이 되지 못하고 원하든 원하지 않든 일심을 직관하지 못한 나의 질문일 텐데, 그 질문으로 어떻게 답을 찾을 수 있나요?"

"수불스님이 문제를 던지고 우리에게 답만 찾으라고 했다고, 우리가 남의 물음에 매달려 있는 것은 아니에요. 그것이 남의 문제면 답답해지지 않으니, 아예 화두가 걸리지 않죠. 오히려 수불스님은 모두가 이미 갖고 있는 물음을 그냥 던지신 거예요. 그러니까 그 물음을 반복하지 말라는 것이지, 물음을 남에게서 가져오란 뜻은 아니에요. 그 공부의 결과는 그냥 본성에 눈뜨게 되는 것일 뿐 궁극적 답을 얻은 것은 아닐 거예요. 근기에 따라 다르게 되는 것은 눈을 뜨고 보는 것이 다 다르다는 것이지, 눈뜨는 것 자체가 다르지는 않겠죠. 수불스님의 그 방법은 우리를 눈뜨게 하고, 자신이 눈떴다는 것을 알아보게 하는 것일 뿐인 것 같아요. 그러니까 눈을 뜨고 무엇을 보았는가는 근기 따라 천차만별일 수 있고, 또 그건 그렇게 중요한 것이 아닐 수 있는 거죠. 그러니까 화두를 들고 어떤 생각을 했느냐, 어떤 느낌에 있었느냐, 어떤 경험을 했느냐는 다 아무것도 아닌 거예요. 또 그 답답함을 겪고 나서 눈뜨는 순간 무엇을 보았는가도 중요한 게 아닌 것 같고요. 보는 건 결국 다 마음이 그리는 상相일 뿐이죠. 그 마음이 각자의 개별의식이 아니라 개별 무의식일 수도 있고 공통의 심층 무의식일 수도 있어요. 그래서 온갖 불가사의한 일을 다 볼 수 있다고 해도 그것이 중요한 것이 아닐 수 있는 거죠."

"보는 나와 보이는 나에 대한 경계(구분)가 그들에게 있을 수 있는 건가요? 보는 나와 보이는 나에 대한 경계의 자각에서 시각이 있다고 하지 않으셨는지요? 그들은 생각과 관념이 그저 살면서 이루어진 습관에 의한 것이라고 생각하시는 것인지요? 그건 경험론자들의 생각과 일치하는 것 아닌지요?"

"그들이 보이거나 생각된 것과 보고 생각하는 나를 구분하지 못하는 건 아니에요. 그런데 그것보다 더 중요한 구분은 주와 객이 분리되어 서로 대對를 이루는 우리의 일상 의식의 차원과 그런 주객의 상대적 관계가 더 이상 성립하지 않는 심층마음 차원의 구분인 것 같아요. 그들은 인식을 오직 일상 의식의 차원에서만 이해하는 경험론자가 아니에요."

"생각과 관념을 지운다고 경험과 습관이 함께 없어지는 것도 아니지 않은가요? 세계와 역사마저도 다 내쳐버리는 것이라 하셨습니다. 오히려 생각과 관념을 지운 자리에서 세상은 허망한 것이 되거나 독단이 될 위험이 더 많은 것은 아닌시요?"

"생각과 관념을 떠나 자기 본래면목을 여실하게 깨달아 얻는 지혜를 '무분별지'라고 하는데, 부처의 지혜는 그것으로 끝이 아니에요. 다시 '무분별후득지'(무분별지 이후에 얻는 지라는 의미이죠)라고 하는 게 있죠. 절대 무분별의 공으로부터 어떻게 상대적인 분별세계가 형성되는가를 제대로 다 아는 것이 '후득지'인데, 부처의 지혜는 이것까지 갖추기에 '일체지'라고 하는 거예요. 그러니까 결국 부정되거나 없어지

거나 무의미해지는 것이 아무것도 없고, 모든 생각과 관념
이 다 그 일체지 안에 포괄되는 거예요. 우리의 이 세간의
삶이 무엇인지, 이 생사세계가 무엇인지, 그것이 일체지 안
에서 해명되는 거죠."

염교무에게 답장을 쓰면서 나는 내 생각이 좀 더 분명하
게 정리된다는 느낌이 들었다. 그러니까 학생에게 좋은 선
생이 필요하듯, 선생에게도 좋은 학생이 필요하구나 싶었
다. 물론 이제 그는 더 이상 나의 학생이 아니다. 곧 학위를
마치고 돌아올 테고, 그러면 한국 철학계에서 그리고 원불
교에서 뭔가 의미 있는 일을 하기를 바랄 뿐이다.

인생 숨바꼭질 같은

나의 부산 경험을 말해줄 수 있는 사람으로 이대 교육학과
에 임현식 선생이 있다. 그녀는 대학 시절, 철학을 부전공
해서 함께 수업을 많이 들었으므로 이미 오래전부터 알던
사이였다. 다만 그 당시 나는 그다지 활동석이시 않아서 그
녀와 대화를 나눈 적이 별로 없었다. 그러다가 2001년 내가
이대로 오고 난 후 꽤 가까워졌다. 좌선을 하다 보면 저절
로 선정에 드는 것 같다던 그녀는 종종 나에게 문자 공부만
하지 말고 좌선 수행도 좀 하라고 충고하곤 했다. 내가 부
산에서 쓴 글 중에 '명상을 하며 자유자재로 온 세계를 다
돌아다닌다는 친구'가 바로 그녀를 염두에 두고 한 말이다.
그녀에게도 나의 이 경험을 말해주고 그것에 대한 감상을

듣고 싶었다.

그녀는 곧 답장을 보내주었는데, 글의 내용에 대해서는 별 언급이 없는 것으로 보아, 나의 긴 언어적 논변을 무의미한 사려분별로 보고, 또 왜 그 이상으로 나아가지 못하는가를 생각했겠구나 싶었다. 그녀와 이야기하다 보면 그녀의 선정 경지가 부럽기도 했지만, 그녀가 내 생각이나 글들을 업으로 인해 언어에서 벗어나지 못하는 허망분별로만 여기는 것 같아 가끔 섭섭하게 느껴질 때가 있었다. 말하자면 나의 오래된 약점이 또 건드려지는 것이다. 이에 반해 염교무는 내가 갖고 있는 문제의식에 공감해준다. 내가 "모든 생각, 사념을 망상이라고 여긴다면, 일체 학문과 현실 세계를 완전히 남에게 내주는 꼴이 된다"라고 쓴 것을 그냥 넘겨보지 않았다. 그럼에도 내가 수행 과정에서 계속 생각을 넘어 가려고 하고 생각에 이끌리지 않으려고 노력하는 것을 보고 오히려 "생각과 관념을 지운다고 경험과 습관이 함께 없어지는 것도 아니지 않은가요? 세계와 역사마저도 다 내줘버리는 것이라 하셨습니다. 오히려 생각과 관념을 지운 자리에서 세상은 허망한 것이 되거나 독단이 될 위험이 더 많은 것은 아닌지요?"라고 내게 반문했었다. 물론 그러니까 결국 철학을 공부하고 있는 것이겠지.

내가 이대로 오고 나서 임현식 선생 그리고 다른 대학의 아는 교수 몇 명과 함께 내 연구실에 모여 동양철학을 공부한 적이 있다. 그때 강진옥 선생도 함께했었다. 강진옥 선생은 이대 국문과 교수인데, 그녀는 그 당시에도 이미 안국선원의 주요 멤버였고, 신앙심도 수행심도 아주 깊은 분으로 느껴졌다. 당시 그녀를 따라 집중수행 과정에 참여하기 위해 서울 안국선원에 갔던 적이 있다. 그때에도 나는 왜 이렇게 어리석은가 하는 그런 분심에 이끌려 첫날부터 눈물을 쏟았던 것 같다. 하지만 저녁에는 집으로 가야 했고, 결국 집에서는 엄마 노릇을 하느라 수행의 기운을 계속 끌고 갈 수가 없었으니, 그건 죽도 밥도 아니었다. 그래서 사흘 정도 하고는 중도하차하고 말았다. 그래서 이번 겨울에는 아예 부산에서 시작한 것이다. 서울에서 집을 오가며 했다면, 또 아무것도 얻는 것이 없었을 것이다.

2월 제주도에서의 교수회의 둘째 날에는 교수 여러 명이 한 팀이 되어 올레길을 걸었다. 그때 강진옥 선생과 한 버스를 타게 되어 이야기를 많이 나눌 수 있었다. 그녀는 내가 부산 안국선원에 갔었다는 것을 이미 알고 있었고, 거기서 무슨 일이 있었는지 눈치챈 것 같았다. 나를 보고는 얼굴이 아주 맑아졌다고 하면서, 그동안 나를 보면 얼굴에 탈을 쓴 듯, 눈에 방패막을 친 듯 거리감이 있었는데, 이제 그런 것들이 사라지고 사람 자체가 드러나 보인다고 말했다.

맞는 말일 거라고 생각했다. 부산에서 어떤 막 하나는 분명 제거된 듯했다. 나 스스로 그런 느낌을 갖고 있었다. 예전에는 사람을 만나는 것이 늘 큰 부담으로 느껴지고 힘이 들었다. 내가 좋아하는 사람이든 싫어하는 사람이든 나는 늘 할 말을 계속 찾아내야 했다. 내 주변에는 언제나 막이 드리워진 것 같았다. 그건 사춘기 이후 계속되는 느낌이었다. 그 답답함이 화두의 답답함과 어떤 연관이 있었던 것일까? 결국 일심의 바다 위에서 나의 업이 만들어낸 나의 의식이 내게 말할 수 없는 부담이고 벽이고 장애였던 것이리라. 누구나 쉽고 자연스럽게 남들과 소통하며 하나로 살아가는데, 나는 생각으로 벽을 쌓고 그 벽에 대해 또 생각하고 그 생각이 또 벽을 쌓고, 이런 식으로 생각의 성城 속에서 고독하게 살아왔던 것은 아닐까?

그러면 철학이란 무엇일까? 생각의 성 안으로 들어가야 철학이 되는 것일까? 생각의 성 밖으로 나와야 철학이 되는 것일까? 성 안으로 들어가야만 그 너머의 바다가 바다로, 일심이 일심으로 보이는 것일까? 의식적으로 물을 없애 답답함을 가중시켜 보아야만, 비로소 언제나 곁에 있던

물의 현재성을 실감하게 되는 것처럼, 나는 이미 철학에서 물을 없애보았던 것은 아닐까? 일심을 알기 위해, 일심을 그리워하는 그 자리, 일심 바깥에 머물러 있었던 것은 아닐까?

개학 후 인문대 휴게실에서 우연히 한국학과 김영훈 선생을 만나 이런저런 이야기를 나누었다. 내가 이대 교수로 오던 때에 김영훈 선생도 이대 교수가 되었다. 내가 이대로 온 그 학기에 콜로키움에서 나는 '나는 누구인가?'라는 제목으로 발표한 적이 있었다. 그때 거기 와서 듣던 남자 한 분이 질문했을 때, "이대 대학원에는 남학생도 들어올 수 있나요?"라고 되물었던 창피한 기억이 있다. 그는 같이 임용되었던 김영훈 선생이었다. 그분이 인문대 소속으로 들어왔기에 분명 몇 번 인사를 나눈 적이 있었을 것이다. 그렇게 나는 몇 번 본 사람도 잘 기억하지 못하고 또 멍청하게 그 표를 잘 내고 만다. 어쨌거나 미안하기도 하고 그분도 명상이나 수행에 관심을 갖고 있어서, 그 후 이따금 이야기를 나눈 적이 있다. '명상이란 무엇인가?' '일심이란 무엇인가?' 등의 이야기였다.

그날도 휴게실에서 요즘 어떤 방식으로 나를 찾는가, 나라는 것이 과연 있는가 등의 이야기를 나누다가, 나는 또 부산에서의 체험을 말하게 되었고 그에게도 내 글을 보내주었다. 그리고 며칠 후 답장을 받았다. 그는 아직도 '나는 누구인가?'를 생각하면 인생은 꼭 '숨바꼭질' 같다고 했다. 그는 말했다.

"생각이 나의 전부가 아니라면 왜 내가 생각에 전부를 걸어야 할까? 한 생각은 다른 생각으로 끊임없이 변하는데 왜 한 생각에 매여야 할까? 생각을 바라보는 그 자리, 한 가지 맛이라는데, 운외창천雲外蒼天이라는데…"

아마 그는 선禪을 하고, 나는 교敎를 하고 있었는지 모른다. 나는 답장에 이렇게 썼다.

"얼마 전 《무탄트 메시지》라는 책을 읽었습니다. 인류학을 연구하시는 선생님은 벌써 읽으셨겠지요? 인간세계가 본래는 그랬었어야 한다는 생각이 들더군요. 그런데 대부분, 소위 문명지에서의 삶은 그렇지 않았지요. 현대의 기술 문명 훨씬 이전부터, 고대 문명에서부터 말입니다. 그러니 '역사란 과연 무엇인가?' '이 지상에서의 삶의 의미는 과연 무엇인가?' 그걸 알기가 힘드네요."

내 글에 대한 그의 답장 그리고 그의 답장에 대한 나의 답장을 다시 보면, 본래 사람이란 다 자기가 하고 싶은 말을 하면서 산다는 생각이 든다. 던지는 그 물음에 정확하게 초점을 맞춰서 답하지는 않는다는 말이다. 그런데 그게 오히려 바른 의사소통일지도 모른다는 생각이 들기도 한다. 물음을 던지면서 우리가 묻고 싶고 듣고 싶어 하는 것이 어쩌면, 그 물음에 대한 명시적인 답이라기보다는, 오히려 그 물음을 일으킨 전체 문맥과 분위기에 대한 해명일지도 모르기 때문이다. 물음과 답만이 오간다면 그건 문자 놀음일 뿐이고, 오히려 그 물음과 그 답을 둘러싼 전체 문맥이 함께 거론되고 함께 느낄 수 있어야 진정한 소통인지도 모른다. 아주 중요한 순간, 사람은 말을 듣고 말을 기억하기보다는 그 분위기, 표정, 눈빛, 그런 것에 압도당하지 않는가? 아닌가? 뇌리에 박혀 떠나지 않는 것은 오히려 그가 던진 말, 문장인가? 모르겠다.

마음 비우기

부산에서 돌아오고 나서 보름쯤 되던 날이었다. 성적이 자신이 원하는 만큼 만족스럽게 나오지 않는 애한테 "너 요새 공부 참 열심히 하는구나"라고 말하면 애가 듣기 불편하지 않을까? 그날 낮에 남편의 그 말에 큰애가 다소 불편해한다는 느낌을 받았다. 그래서 저녁에 애가 없을 때, 나는 거실에서 남편에게 별생각 없이 말했다. 애한테 "공부 열심히 하는구나"라고 말하지 말라고. 그런 말 들으면 애가 싫어할 수 있다고. 그러자 남편이 버럭 화를 냈다. "알았어. 이제 난 아무 말도 하지 않을게. 애비가 애한테 공부 열심히 한다는 말도 못해? 알았어. 난 상관 안 할게."

부산에서 돌아온 이후 남편과 별 싸움 없이 잘 지냈었다.

그런데 그날 남편이 화를 내자 갑자기 그 화가 모조리 내 몸에 들러붙는 느낌이 들었다. 남편은 화를 잘 내는 편이다. 아니 내가 본래 화를 잘 돋우는 편이겠지. 어쨌거나 예전 같으면 마음속으로 '또 화내는구나' 하면서 나도 내 맘에다 바리케이트를 쳐서 그 화를 물리치고 견뎌냈었을 텐데, 그날은 이상하게도 바리케이트를 칠 틈도 없이 그 화가 날 급습한다는 느낌을 받았다. 갑자기 말문이 탁 막히고 온몸이 가라앉는 느낌이 들었다. 나는 곧 방으로 들어가서 책상 앞에 앉아 책을 읽었는데, 계속 온몸이 으슬으슬 춥게 느껴지면서 어지러웠다. 그러다가 밤 11시쯤부터 앉을 수도 누울 수도 없게 되었다. 화장실에서 일을 보고 나와도 또 소변을 보고 싶어졌다. 왔다 갔다를 거듭하다가 아예 변기통에 앉아서 쿠션을 무릎 위에 놓고 엎드려 떨면서 밤을 꼬박 새웠다. 나중에는 춥고 두통에 배도 아파서 온몸을 가누기가 힘들었다. 도중에 남편이 일어나서 내 증상을 들어보고는 곧 '급성방광염'일 거라고 판단하며 인터넷에서 확인해보았다. 마음이 만병의 근원이라더니, 마음의 스트레스가 금방 병으로 나타나는 것을 확연히 보는 듯했다.

집중수행 결과 자타분리의 벽이 허물어져 있는 상태여서 내가 남의 감정 내지 화에 의해 너무 쉽게 영향을 받은 것일까? 내가 그 화에 못 이겨 쓰러진 것일까? 심정적으로 그런 느낌이 들기는 했지만, 정확한 인과관계를 알 수가 없었다. 그 외에 내가 생각할 수 있는 또 한 가지의 이유는 그동안 내가 먹은 음식의 변화였다. 부산에서 돌아온 이후 그때까지 나는 고기를 일절 먹지 않았다. 별로 먹고 싶은 생각도 들지 않았고, 나도 그 기회에 채식주의자가 되고 싶어서 고기는 피하면서 음식을 먹었다. 아마 갑자기 일절 단백질을 먹지 않아서 몸의 저항 능력이 많이 떨어져 있었던 건지도 모른다. 그래서 별것 아닌 세균에 저항할 힘이 없어져 급성방광염이 된 건지 모른다. 어쨌거나 그날은 힘들게 밤을 꼬박 새우면서 공부고 뭐고 그저 평범하게 잘 먹고 잘싸며 산다는 것이 얼마나 중요한 일인지를 실감했다. 그날이후 나는 다시 달걀이나 닭고기나 생선류는 그냥 먹기로했다. 우선 몸이 건강해야 한다는 생각이 들었다.

새벽 6, 7시쯤 되자 화장실 밖으로 나와 잠시 누울 수 있었다. 그리고 진료를 시작하는 시간에 맞춰 병원에 다녀왔다. 사실 방광염은 아무것도 아니었다. 약 몇 알 먹고 나니 몸은 다시 본래의 상태로 돌아왔다. 나로서는 심신이 그렇게 한 번에 충격을 받고 쓰러져 고생해보기는 처음이라, 꽤의미 있는 경험이었다.

부산에서 돌아온 이후 나의 또 하나의 변화는 적어도 하루에 한 시간 정도 또는 가끔 두세 시간씩도 좌선을 한다는 것이다. 그런데 좌선을 하면 나는 자꾸 버릇처럼 무엇인가를 시각적으로 보고 싶어 한다. 아마 나는 나의 전생도 보고 싶고, 색계 무색계에도 가보고 싶고, 석가모니불을 친견하고 싶고, 그런 것 같다. 선정에 든다거나 어떤 신통력을 갖게 되기를 구하는 것이리라. 이건 수불스님도 미산스님도 그리고《대승기신론》에서도 경계한 것이다. 그러나 그건 그런 경지에 이르고자 욕심을 낸다거나 그 경지에 머물러 있으려 한다거나 그런 신통력을 이용해 명리名利를 취하는 것을 경계한 것이지, 그런 단계로 자연스럽게 한 걸음 나아가는 것 자체를 문제 삼는 것은 아닐 것이다. 내가 그린 경지에 이르기를 바라는 것은 다만 50년간 나를 얽매어 놓은 이 일상의 경지를 한 번쯤 넘어서기를 바라기 때문이다. 아니, 굳이 일상 너머의 다른 것을 원해서라기보다는 내가 바뀌었다는 것, 내가 눈을 뜨고 있다는 것을 확인하기 위해서다.

그런데 아무리 좌선을 해도 내 눈 또는 내 마음에는 검은 어둠 이외에 아무것도 보이지 않는다. 가끔 생각이 멎은 듯한 순간 온몸에 짙은 전율이 느껴질 때가 종종 있다. 마치 어떤 낯선 곳에 들어서려는 듯한 기이한 느낌, 아니면 등 뒤에서 귀신이 나를 붙잡는 듯한 섬뜩한 느낌, 그런 전율이 느껴지긴 해도, 나는 언제나 그냥 그 자리에 맨정신으로 앉아 있을 뿐이다.

가끔 집중하기 위해, 또는 정말로 누군가 내 마음의 소리를 듣고 나를 인도해가기를 바라는 마음에서, 이런저런 이름을 부르며 염불할 때도 있다. '석가모니불' 아니면 '관세음보살' 또는 '나무아미타불' 등으로. 그러다가 문득 그것이 '하느님'이나 '예수님'이라고 부르는 것과 크게 다르지 않으리라는 생각이 들기도 한다. 법신이리라. 내 마음 본래의 모습, 그 본래면목의 자리에서 무시이래 지금까지 한시도 멈춤 없이 비추고 있는 자체지광명, 대지혜광명을 부르는 것이리라. 내가 할 일은 다만 그 위에 내가 만들어놓은 어둠, 그림자를 걷어내는 것이 전부일 것이다. 업장을 녹이는 것, 죄 사함을 받는 것.

그 길이 그저 마음을 비우는 것이라는 사실을 알고는 있어도, 좌선을 하면서 진정 비어 있는 마음을 유지하고 있는 것은 내게 그리 쉬운 일은 아니다. 차라리 그냥 비어 있는 마음으로 일상을 살아가는 것이 더 나은 길이 아닐까? 차라리 열심히 애들 밥해주고 빨래해주고, 그리고 수업을 위해 열심히 책 읽고 공부하고 하는 것이 내가 할 수 있는 전부인 것은 아닐까? 수업을 위한 공부가 지나치게 개념적 분별에 치우친 것이라면, 종종 먹으로 화선지를 물들이며 미감의 세계에 몰입하는 것, 그게 내가 행할 수 있고 얻을 수 있는 전부가 아닐까? 가끔 그런 생각이 들기도 한다.

좌선을 해보아도 뭔가 새롭게 눈에 보이는 것은 없지만, 그래도 마음이 퍽 차분하게 가라앉는 것은 사실이다. 하지만 마음이 고요해지는 것은 내게 사실 너무도 익숙한 일이다. 굳이 좌선이 아니더라도 철학책 또는 불교책을 읽으면서 깊이 사색에 빠지거나 아니면 특정 물음에 이끌려 이리저리 고민하면서 논문을 써 내려갈 때도 내 마음은 극히 고요하고 평안한 상태다. 그 상태와 선 수행의 상태, 과연 뭐가 다를까?

그러나 사실 내가 바라는 것은 단지 마음의 평안이 아니라 그 이상이다. 나는 우주와 내가 하나라는 것을 직접 체인하고 싶은 것이다. 철학에서 내가 늘 생각하는 것, 나의 유심론적 철학의 마지막 결론, 중생이 곧 부처라는 것, 인간이 곧 신이라는 것, 만물이 하나라는 것, 그것을 단지 머릿속으로가 아니라 온몸으로 직접 겪고 싶은 것이다. 그런데 나는 그 경지에 이를 수가 없다.

물론 그 경지에 이르는 것이 그저 원한다고 되는 것이 아니라, 평상시 나 스스로 내 좁은 마음의 벽을 허물고 일체 중생과 나를 분별하지 않고 한마음으로 대하려고 부단히 노력함으로써만 가능한 것이라는 생각이 들기도 한다. 면벽하고 앉아 있는데, 어느 날 갑자기 기적처럼 내 마음이 우주처럼 커져서 그 마음으로 내가 남을 포용하게 되는 것이 아니라, 평상시 조금씩 내 마음 안의 아상我相과 아만我慢을 지우고 그 자리에 남을 포용함으로써 차츰 마음을 넓혀 나가다 보면, 나도 모르는 사이에 마음이 우주만큼 커져 있지 않겠는가? 이걸 몸소 실천하지는 않고 단지 머릿속에서 개념적으로만 이해하고는 그 경지를 내 것으로 체험하고자 하니, 이는 마치 남의 것을 탐내는 도둑놈 심보가 아니겠는가?

간화선연구소 설립

개학하고 나서 3월 9일에 다시 안국동 한옥집에서 차담이 있었다. 그날은 앞으로 간화선연구소를 만들어 한국의 간화선에 대해 본격적으로 연구하자는 그런 논의가 있었다.

우리나라 불교는 삼국시대에 북방을 거쳐 들어온 대승불교로서 통일신라시대 때 선법이 전래되고 고려 초기 구산선문九山禪門이 이루어진 후, 수 세기에 걸쳐 화두를 들고 참구하는 간화선을 정통 수행법으로 실참해왔다. 그런데 최근 일이십 년 사이 남방불교가 알려지고 그들의 주된 위빠사나 수행법이 전파된 이후 일반인이나 불교 연구자뿐 아니라 선방의 스님들까지 남전 불교만이 진짜 불교(근본불교)이고 위빠사나 수행만이 참된 불교 수행법이라고 여기면서 대승 선종의 간화선 수행을 홀대하기 시작했다. 예전에는 대승이 상좌부를 아래로 보고 선 수행이 위빠사나 수행을 낮춰보았다면, 요새는 남방불교가 북방불교를 비정통으로 여기고 위빠사나 수행이 선 수행을 열등한 것으로 여기는 경향이 나타난 것이다.

이처럼 남방불교 이론 체계 및 위빠사나 수행이 요즘 들어 주목받고 유행처럼 번지게 된 데에는 서양인들의 불교 연구가 크게 한몫했다고 본다. 서양인들에게는 한문 경전보다 팔리어 경전이 더 친숙하고, 서양의 신경정신과 의사 존 카밧진이 불교에 기반하여 개발한 명상치료법(MBSR)에서의 수행법도 바로 위빠사나 수행이며, 많은 서양인이 관심을 갖고 참여하는 마하시 수행법이나 고엔카 수행법도 위빠사나 수행이다. 이처럼 서양이 위빠사나에 주목하니까, 우리도 거기 주목하면서 그것만이 진짜 불교수행법이라고 생각하는 것이다. 그렇다면 우리 선조들이 믿어온 대승불교와 그들이 수백 년간 닦아온 선 수행은 뭐란 말인가?

이 상황을 보면 나는 이와 유사한 또 하나의 다른 상황을 생각하게 된다. 서양 예수회 소속 선교사들이 중국에 천주교를 전파하기 위해 취한 전략은 천주교가 유교를 보충

한다는 보유론補儒論이었다. 근본 공맹 유학에서의 상제上帝 사상은 천주교의 하느님 신앙과 통할 수 있었는데, 그 후 송대 성리학에 의해 유학의 근본정신이 왜곡되고 변질되어 하느님 신앙이 사라져버렸기에 그것을 천주교가 보충하니, 당시 성리학적 세계관을 버리고 천주교를 받아들이라는 것이었다. 그리하여 당시도 그렇고 지금까지도 많은 사람이 근본 유학과 신유학(주희 성리학)을 대립으로 놓고, 후자를 전자의 왜곡과 변질 아니면 적어도 영성과 종교성을 배제한 관념체계로 간주하게 되었다. 그런 독법에 따르면 결국 주희 성리학에 기반한 우리 조선의 유교는 근본정신이 사라진 변질된 유교에 지나지 않는다.

그렇다면 삼국시대 이후 우리가 받아들인 불교가 초기불교의 정신이 왜곡·변질된 불교이고, 조선 이후 우리가 받아들인 유교가 원시유교의 정신이 왜곡·변질된 유교란 말인가? 그건 결국 우리나라의 전체 정신사가 유교든 불교든 근본정신의 왜곡과 변질이란 말이 아닌가? 그러나 과연 누가 그것을 판단하고 결정한단 말인가? 왜 우리가 우리 자신의 정신사를 서양인의 판단에 따라 해석한단 말인가? 오히려 우리나라의 유교가 원시유교 사상의 핵심을 가장 잘 드러내고, 우리나라의 불교가 초기불교 사상의 핵심을 철저히 심화·발전시킨 것이라고는 왜 생각하지 않을까? 정신사는 결국 정신 해석의 역사이기도 하다. 우리가 물려받은 것이 고귀한 것인가 아닌가는 결국 우리가 그것을 고귀한 것으로 해석하는가 아닌가에 달려 있다.

이런 의미에서 한국불교 내지 한국의 간화선에 대한 주체적이고 자립적인 연구가 절실히 필요하다고 생각해왔다. 그리고 그 연구는 현재 한국에서 구체적으로 실행되고 있는 간화선을 중심으로 행해져야 한다고 여겨왔다. 그날 언급된 간화선연구소도 그런 연구를 지향하는 것이었다. 그것은 한국의 간화선법을 문헌학적 방식으로 연구하는 것에 그치지 않고, 현재 한국에서 실행되는 구체적 수행법을 방법론적으로 이론화 내지 체계화하고 철학적으로 해명하며 그에 대한 심리학적 연구를 병행하는 것이다. 간화선의 본질이 무엇이고, 화두의 역할이 무엇인지, 간화선 수행이 다른 수행법과 다른 점이 무엇인지 등이 밝혀져야 할 것이다. 그리고 그 연구 대상에는 수불스님의 간화선법이 포함될 것이다. 미산스님이 연구소 소장을 맡으시고, 수불스님 지도하에서 집중수행을 체험한 사람 중 주로 불교 관련 연구를 하는 학계의 몇몇 사람이 연구위원이 되기로 했다. 김종욱, 박찬욱, 김홍근 선생, 나 그리고 몇 명이 더 추가될 것 같았다.

수불스님의 간화선 수행법은 종래의 조계종 선 수행법과 분명 뭔가 다른 강력한 힘이 있는 것 같다. 그것이 과연 무엇일까? 그것을 정확하게 이론화할 필요가 있어 보인다. 나도 그것이 무척 궁금하다. 내가 한 체험, 내가 느낀 변화, 그 정체가 무엇인지 아직 모르기 때문이다. 수불스님은 내가 아직 그것을 모르는 것이 당연하다고 하셨다. 그러나 수불스님의 간화선법을 연구하자면, 그것을 알아야 하는 것 아닐까? 사실 가장 바람직한 것은 수불스님 자신이 그분의 간화선법이 어떤 특징을 가지고 있는지, 그것이 철학적·심리학적으로 어떤 의미가 있고 어떤 특징이 있는지를 다 밝혀주셔야 하는 것 아닐까? 문득 그런 생각이 들기도 했지만, 다시 생각해보면 그거 아니지 싶다. 대개 성인이든 선각자든 혁명가든 뭔가 능력을 발휘하는 사람이 그 스스로 자신의 능력을 반성적으로 고찰하고 연구하지는 않는다. 능력을 발휘하는 자와 그것에 대해 이론적으로 연구하는 자는 서로 다르기 때문이다. 석가나 예수는 저술가도 이론가도 아니었다. 능력을 지닌 자는 그냥 그 능력을 발휘할 뿐이고, 그 능력을 갖지 못한 자들이 모여 앉아 그 능력의 결과에 대해 분석하고 비교하며 고찰하고 연구한다. 스스로 능력을 지니지 못한 자들이 모여 앉아 그렇게 더듬어가는 연구이니, 과연 그 연구에 끝이 있겠는가?

간화선연구소 발족 이후 첫 모임은 4월 18일에 있었다. 그날 모임에서는 수불스님과 미산스님 그리고 김종욱, 박찬욱, 김홍근 연구위원뿐 아니라 새로운 연구위원으로서 앞으로 심리학적 연구를 담당할 성승연 선생과 박성현 선생도 함께했다. 오랜만에 부산의 동지들을 다시 만나니 무척 반가웠다.

그날 수불스님이 내게 법명을 주셨다. 해인선海印禪. 부산에 다녀온 이후 나는 바다를 많이 생각했었다. 인간의 무명도 깊은 바다에 비유될 수 있고, 인간의 지혜나 부처님의 세계도 깊은 바다에 비유될 수 있기 때문일까? 깊은 바다가 매력적으로 보였기에, 산수화로 종종 바다를 그려보았고, 또 이번 봄에는 나의 노래방 18번을 조용필의 '킬리만자로의 표범'에서 조용필의 '생명'으로 바꿔볼까 하고 테이프를 하나 사서 차에서 열심히 듣고 다니기까지 했다. 노래 주제가 검은 바다, 춤추는 바다, 유혹의 바다, 생명의 바다다. 나의 호號로 '심해深海'를 떠올려보기도 했지만, 그렇게 되면 성까지 함께 부를 경우 나는 '한심해'가 되니 그럴 수는 없었다. 그만큼 바다를 많이 떠올렸다. 그런데 그걸 어찌 아셨을까? '해인선'이라는 법명을 주시다니…. 해인선은 곧 해인삼매에 들라는 것이리라. 전체 우주의 맥박이 뛰고 생명이 숨 쉬는 바다, 불교의 진리가 무한히 새겨진 그 일심의 삼매에 들라는 것이리라.

그리고 수불스님이 모처럼 당신의 어린 시절 말씀을 하셨다. 어려서부터 아버지를 따라 수년 동안 하루도 빠지지 않고 새벽 서너 시쯤부터 맑은 물을 떠 놓고 주문을 외고 기도를 하셨단다. 그 주문이 아직도 기억난다고 하시면서 말씀하셨다. "지기금지至氣今至 원위대강願爲大降 시천주侍天主 조화정造化定 영세불망永世不忘 만사지萬事知." 아니, 동학이 아닌가! 수불스님은 자신의 선대가 동학 초기 최제우 때부터 시작해서 아버님까지 5대째 이어진다고 하셨다. 수불스님도 불교로 귀의하지 않았다면, 동학교도가 되었을 거라고 하셨다.

문득 여러 가지 생각이 오갔다. 2001년 이대로 오고 나서 내가 처음 프로젝트를 따서 쓴 논문의 주제가 바로 '동학'이었다. 그때 공부하면서 처음으로 최제우의《동경대전》과 나의 선친 한우근의《동학농민봉기》도 읽었다. 그 외 여러 동학에 관련된 책을 구해 읽으면서, 동학의 사상적 깊이에 놀라게 되었고, 더구나 구한말에 '반봉건' '반외세'를 외

치며 대항했던 동학혁명이 그런 깊이를 가진 철학 내지 종교에 기반을 두고 있었다는 것이 경이롭기도 했다. 그래서 나는 나의 책《한국철학의 맥》에서 한국인 본래의 일심 사상을 불교와 유교, 서학의 수용 과정을 거쳐 결국 동학으로 끌고 갔던 것이다. 거기 실린 동학 관련 글에서 나는 과감하게 '유교 → 기독교 → 무교 → 불교 → 동학' 순으로 교판을 짜보기도 했다. 마지막에 불교와 동학을 대비시킨 부분이 마치 전통 선 수행법과 수불스님 수행법과의 차이처럼 보이는 것이 우연이 아닐 수도 있겠구나 싶기도 했다. 불교가 개인 수행과 개인 해탈에 더 치중하는 데 반해, 동학은 한울님, 하느님이 곧 한울, 한우리, 하나의 우리이기에, 결국 모두가 하나라는 '동귀일체同歸一體', 모두가 함께 성불하고 해탈해야 한다는 사상을 갖고 있다. 그러니까 '인간이 곧 하느님'이라는 '인내천人乃天'이 곧 '다른 사람을 하느님처럼 대하라'는 '사인여천事人如天'으로 이어지는 것이다. 동학의 보국안민輔國安民의 구호가 안국선원에서 안국安國의 의미와 맥을 같이하리라는 생각도 들었다.

나는 수불스님의 가계가 동학으로 이어진다는 것이 의미심장하고 가슴 벅차게 들렸다. 나는 늘 이 서울 한복판에 기독교인, 천주교인은 수두룩한데, 왜 천도교인은 한 번도 본 적이 없을까 하며 섭섭하게 여겨왔다. 우리 민족, 우리 선조가 택했던 길. 이 나라를 지키고 우리 역사를 지키기 위해 동학을 창건하고 동학혁명을 일으켰던 생혼生魂들이 왜 이렇게 자취도 없이 사라져버렸는가? 오늘날 우리 시대는 왜 이렇게 무력하게도 물질이 지배하는 세계가, 사혼死魂이 지배하는 세계가 되어버렸는가? 그런 물음을 물어왔다. 누구에게 물었겠는가? 그냥 혼자 자신에게 물어왔다. 오래도록 선지식을 구했었다. 내가 찾던 그 선지식이 동학의 후예라니! 이 사실을 알았을 때 수불스님 안에 불교와 동학이 함께한다는 생각이 들어 말할 수 없이 기뻤다. 수불스님의 불교가 한국의 불교라는 것이 좋았다. 이게 부처님으로부터 멀어지는 것일까? 아니리라. 석가모니 부처님이 2500년 전 인두에 등장한 화신불이듯, 나는 최제우 또한 그런 화신불 중의 한 명이라고 생각한다. 법신이 우리 모두 안의 여래법신이라면, 그걸 깨닫고 체득하고 증득한 자, 그리고 살신성인과 대자대비의 마음으로 도를 펴는 자는 다 그러한 성인이 아니겠는가?

6월 6일 저녁, 다시 간화선연구소에 가서, 7월 중순쯤에 달마산 미황사에서 수불스님 지도하에 집중수행이 있을 것이라는 말을 들었다. 미황사 주지이신 금강스님은 지난번 부산에서 뵌 적이 있다. 그때 미황사의 모습이 담긴 엽서와 달력을 받아보고 퍽 아름다운 절이라는 인상을 받았다. 그리고 얼마 후 금강스님이 쓰신《땅끝마을 아름다운 절 미황사》라는 책을 받아보고, 언제 한번 찾아가고 싶다는 생각을 했었다. 그러나 무엇보다도 수불스님 지도하에서 집중 수행을 다시 한번 더 해보고 싶다는 생각이 들어 여름 미황사 수련에 참여하고 싶다고 신청을 해두었다.

사실은 여름 수련을 계기로 다시금 내 생각과 삶을 정리해보고 싶다는 생각이 더 간절했다. 부산에서 돌아온 이후, 차분히 앉아 나를 되돌아보고 정리하는 시간을 별로 갖지 못한 것 같아 늘 아쉬웠다. 서울에서 직장을 다니고 또 애들을 돌보면서 마음의 여유를 갖는다는 것은 여간 힘든 일이 아니었다.

그런데 무엇을 어떻게 정리하고자 하는 것인가? 나는 미황사에서 무엇을 하고자 하는 것인가? 그것을 알아보기 위해 나는 다시 시간을 거슬러 올라가 보았다. 부산에서 나는 과연 무엇을 했는가? 그것을 알아보기 위해 '부산 안국 선원에서의 7박 8일'을 다시 읽어보았다. 그리고 그다음 부산에 다녀온 이후 지금까지 약 6개월간 나는 무엇을 했는가를 상기해보았다. 그런데 사실 당장 과거를 회상해봐도 떠오르는 것은 별로 없다. 떠오르는 순간들을 다 합한다 한들 5분이라도 될까? 그럼 그 나머지 시간은 다 어디에 있을까? 사람이 죽는 순간 일생의 중요 순간들이 영화 필름이 지나가듯 생생하게 스쳐 지나간다고 한다. 그리고 그 필름의 전개는 아주 짧은 순간이라고 한다. 사람들은 그 말을 들으면 그처럼 우리 인생은 분명 어딘가에 흔적을 남긴다고, 그래서 어느 순간엔가는 그 흔적을 떠올릴 수 있는 것이라고 말한다. 하지만 나는 그 말을 들으면 기억될 만한 의미 있는 시간은 그렇게 순간으로 집약되는데, 인생은 왜 이렇게 긴 것일까 의아스러워진다. 한순간에 일생을 다 돌이켜 볼 수 있다는 것은, 결국 우리 일생의 시간적 전개는 가상이라는 것을 말해주는 것이 아닌가? 바로 이 사실을 알고 있기에 사람들은 이미 흘러간 과거를 되새김질하는 어리석은 짓을 하지 않는다. 그냥 현재를 맞이하고 그 현재가 과거로 흘러가게 내버려두는 것, 그렇게 현재를 살아가는 것이 더 현명한 일인지 모른다.

그런데 나는 그 과거를 들춰내어 되새김질하고 있다. 의식에 남아 있지도 않은 과거를 어디에서 찾을까? 기록? 문득 메일함을 열어보았다. 나는 워낙 게을러서 방 정리를 잘 못하듯 메일함 정리도 잘 못한다. 메일함이 꽉 찼다는 경고가 오기까지 지난 메일이 그대로 차곡차곡 쌓여 있다. 부산 관련 메일들만 다시 골라내어 읽어보았다. 메일을 쓰면서 또 받으면서 내가 무슨 생각을 했었는지, 그건 기억해낼 수가 있다. 그렇게 해서 부산에 다녀온 이후 내가 어떤 모습으로 어떤 생각을 하며 살았는지를 다시 떠올려보고, 그 생각들을 다시 정리해 글로 엮어보았다. 이 글 '안국선원 이후 미황사 가기까지'는 바로 이렇게 해서 쓰인 것이다.

이제 이렇게 정리를 마치고 나는 다시 미황사로 가서 다시 또 나의 선지식, 수불스님과 미산스님에게 나를 맡기고 그들이 이끌어주는 대로 진리의 길로, 깨달음의 길로 나아가고자 한다.

3부
—
해남 미황사에서의 7박 8일

연
꽃

미황사 수련에 참여하기 위해 그 하루 전인 7월 16일 오전 11시쯤 남편 팽철호 선생과 함께 집을 나섰다. 남편이 차를 운전하여 압구정역에서 박찬욱 선생을, 서울불교대학원대학교에서 성승연 선생을 태워서 그렇게 넷이 함께 서서히 북상하는 장마전선을 뚫고 남쪽으로 향했다.

가는 길에 김제 하소 백련지 축제에 들러 연꽃 구경을 했다. 아직 하늘을 바라보지 않은 봉오리에서 막 피어나기 시작한 꽃, 한창 만개한 꽃까지 가지각색의 크기와 모양, 빛깔이 퍽 아름다웠다. 빗물을 머금은 꽃잎 위에 진주들이 춤을 추고, 커다란 연잎 위 가득 고인 물에는 구름이 내려앉아 있었다.

이어 해남으로 가서 저녁을 먹고 저녁 9시 넘어 달마산 미황사에 도착했다. 내려오는 길에 내가 계속 멀미하고 힘들어하자, 성승연 선생은 내 체증을 풀어주기 위해 나의 손 엄지와 검지 사이를 강하게 지압해주었다.

도착하고 보니 너무 늦어 수불스님은 이미 취침에 드신 상태였고, 우리는 무량심 회장보살님에게 인사를 드리러 갔다. 방에는 은암거사와 처음 보는 두 분이 더 있었다. 7월 말 결혼할 사람인데, 여자는 이미 수불스님 아래 공부를 마쳤고, 남자는 이 공부를 마쳐야만 결혼할 수 있다고 했다. 마음공부가 결혼 조건이라니, 이보다 더 멋진 혼수가 어디 있겠는가? 잠시 방에 앉아 이야기를 나누다가 나왔다. 방에서 나오자 남편이 그 남자가 현 국회의원 누구라고 말해 주었다. 이 마음공부가 학계나 정계에 두루 퍼진다면, 좀 더 나은 세상이 되지 않을까 하고 밝은 미래를 꿈꾸어보았다.

다음 날 이른 아침에 있을 예불에 참여하기 위해 일찍 잠자리 갔다. 숙소는 우리가 공부할 자하루 아래에 있는 큰방이었다. 수용 인원은 12명쯤으로 되어 보였고, 우리처럼 하루 먼저 온 두 사람이 잠들어 있었다.

무명의 서글픔에 잠겨

7박 8일 과정의 첫날이다. 새벽 4시가 좀 지나자, 아침 예불을 위한 종소리가 울려 퍼졌다. 대웅보전에서 아침 예불을 하는데,《반야바라밀다심경》을 우리말 번역으로 외우는 것이 좀 색달랐다. 익숙하지는 않았지만, 그게 바람직하다는 생각이 들었다.

예불을 마치고 나자 차츰 미명이 밝아오면서 뒤편 달마산이 서서히 모습을 드러내기 시작했다. 나무숲 뒤로 삐죽삐죽한 바위들이 병풍처럼 웅장하게 뻗어 하늘과 맞닿아 있었고, 몸을 돌려 그 바위가 있는 곳을 바라보면 크고 작은 섬들이 떠 있는 남해가 펼쳐져 있었다. 바위와 나무, 절과 숲, 광활한 바다, 그 모든 것이 한 폭의 그림이었다.

저 산, 저 바다, 이 모든 것과 내가 하나라는 것을 생각이 아니라 온몸으로 느끼게 되기를 바란다. 나와 자연, 마음과 대상, 심心과 경境이 둘이 아니라 하나라는 것을 온전히 알게 되기를 바란다. 대상화의 시선이 아닌 방식으로 보게 되기를, 일체 제법이 그들이 생겨나는 방식 그대로 내 마음에 떠오르기를 바란다. 그러자면 내가 산을 보는 것이 아니라, 내가 산이 되어 산이 나를 보는 것이 되어야 하리라. 그래야 적조寂照, 식경명연識境冥然의 경지가 체득되리라.

12시 점심 공양 후 2시쯤부터 마음공부 준비 과정에 들어갔다. 우선 휴대폰과 지갑을 맡기고 법복을 받았다. 자하루 바닥에는 이미 방석이 놓여 있었고, 방석마다 이름표가 붙어 있었다. 대략 70명 정도가 이 과정에 참여한다고 했다. 외국인 예닐곱 명, 유학 중인 한국대학생 대여섯 명, 승가대학에서 온 스님 열댓 명, 상도선원에서 온 사람 열댓 명, 안국선원에서 온 사람 열댓 명, 인터넷으로 미황사 '참사람의 향기' 과정에 신청해서 온 사람 열댓 명, 그리고 우리였다. 그곳에서 다시 크리스티나 선생을 만나니 무척 반가웠다.

이어 미황사에서 제시하는 마음공부 오리엔테이션이 진행되었다. 미황사에서는 수년 전부터 '참사람의 향기'라는 화두 공부 과정의 템플스테이를 시행해오고 있다. 불교를 일상인의 삶 속에 스며들게 하고자 하는 미황사 주지 금강스님의 원력이 이뤄내는 것이리라. 이번에는 미황사의 '참사람의 향기'를 수불스님 주도하에 그의 공부 방식대로 7박 8일로 행하는 것이다. 우리의 공부가 시작되던 때, 미황사의 본사인 대흥사 주지스님이 열반하셔서 금강스님은 거기로 가셨다고 했다.

저녁 7시에 예불이 있었다. 공부 과정 동안 처음이자 마지막 예불이라고 한다. 본래 '참사람의 향기'는 스님의 절 생활과 거의 비슷한 방식의 삶을 일주일 정도 체험해보는 프로그램이다. 정해진 시간에 예불과 울력, 좌선, 식사, 취침 등을 하고, 정해진 규칙에 따라 사는 것이다. 그런 생활을 통해 자기 마음을 내려놓는 훈련을 한다. 휴대폰으로 외부와 연락해서도 안 되고, 사람들과 쓸데없이 대화해서도 안 된다. 묵언이 기본이다. 녹차 말고는 커피조차 없었다.

그런데 수불스님의 공부 방법은 그것과는 좀 다르다. 화두를 받고 나서 오로지 그 화두에만 집중하면 된다. 그것이 전부다. 정해진 규칙도 없고, 제한된 시간도 없다. 24시간 앉아 화두를 들고 있어도 되고, 졸려서 하지 못하겠으면 가서 늘어지게 자도 된다. 다만 자러 온 것이 아니니까 마음속에서 뭔가가 나를 깨우면 그 소리를 따라 일어나 화두를 들어야 한다. 밥을 먹고 싶으면 공양 시간에 맞춰 밥을 먹어야 한다는 것만이 제한일 뿐, 화두에 집중하면 밥을 걸러도 된다. 오로지 스스로 알아서 화두를 드는 것이 전부다. 죽비를 쳐서 입정과 출정을 알리는 것은 과정이 시작할 때와 전 과정이 끝날 때 두 번뿐이다. 그사이에는 다른 아무것도 없다. 알아서 깨고 알아서 자고, 말을 하든 말든, 휴대폰을 하든 말든, 그 모든 걸 다 알아서 해야 한다. 그 과정 중에 어느 순간 갑자기 들고 있던 화두가 터지면, 더 이상 화두를 들고 앉아 있을 필요도 없다. 그러면 가도 된다. 그것이 사흘 만에 벌어질 수도 있고, 이레 만에 벌어질 수도 있다. 어쨌거나 화두가 터지기까지 죽어라 화두를 들고 갑갑해하며 답을 찾다가, 어느 순간 자기도 모르게 화두가 터지면, 죽을 것 같던 갑갑함이 사라지고 평생 처음 느껴보는 깊은 법열이 느껴지게 된다. 그러고 나서 그 경험을 선지식께 말씀드리고 통과 여부를 점검받으면 된다. 점검에서 통과되면 공부를 마친 것이다. 그러면 그 후 계속 고요하게 앉아 좌선을 해도 되고, 그냥 가도 된다. 그다음은 각자 알아서 자유인으로 살면 된다.

7시 예불에 이어 수불스님이 자하루에 들어와서 화두를

주셨다. 부산에서 주신 화두와 마찬가지였다. 나는 한 번 공부를 마치고 다시 듣는 것이기에 부산에서 들을 때와는 또 다른 느낌이었지만, 그래도 아직 뭔가 확연치 않음이 남아 있어 곧 그 갑갑함에 휩싸이고 눈물을 흘렸다. 왜 나는 이 과정을 두 번씩 하고자 할까? 왜 나는 다시 미황사에 오게 되었을까? 뭐가 석연치 않아 이렇게 되었을까? 차로 내려오면서 지산스님에 대해 우리가 나눴던 대화가 떠올랐다. 그분은 간화선 수행, 위빠사나 수행, 티벳 수행을 두루 다 하신 분이다. 나는 그분을 원래 몰랐는데, 어느 날 송암스님으로부터 메일을 받고 알게 되었다. 지산스님은 송암스님이 가장 절친히 여기시고 한국의 간화선을 위해 함께 일하기로 뜻을 모으신 분인데, 어느 날 갑자기 심장마비로 돌아가셨다고 한다. 그 소식을 듣고 송암스님은 하늘이 무너지는 슬픔에 끝없이 눈물을 흘렸다고 한다. 그분을 인터넷에서 검색해보니, 전 세계에 퍼져 있는 불교의 대표적인 세 가지 수행법을 몸소 두루 닦으시고, 그 수행법 간의 공통 요소를 찾아내어 그것을 융합하는 데에 뜻을 두셨다는 것을 알게 되었다. 서울대 심리학과를 졸업하고 불교 수행을 하셨으니, 교학과 선에 두루 정통하셨으리라는 생각이 들었다. 그런데 본래 몸이 그다지 건강하지 않으셨는데,

3개월 무문관에 드셨다가 얼마 지나지 않아 돌연 돌아가셨다는 것이다. 다들 무문관의 생활이 치명적이었을 거라고 이야기했다. 미황사 자하루에 앉아 수불스님의 법문을 들으며, 나는 지산스님을 떠올렸다. 온갖 수행을 통해 그것들의 핵심이 무엇인지를 깨달아 그 회통을 꿈꾸셨으면서, 또 무엇이 부족해서 무문관에 드셨단 말인가? 마지막으로 무엇을 더 알고자 하신 것일까? 무엇 때문에 목숨과 뒤바꿨단 말인가? 무명, 인간의 무명, 나의 무명! 도대체 무엇을 더 치뤄야 이 무명을 걷어낼 수 있는가? 인생이 너무 서럽다는 생각이 들어 하염없이 눈물을 흘렸다.

이렇게 가슴에 다시 갑갑함이 쌓이자, '결국 나는 화두가 타파된 것이 아니었구나' 하는 생각이 들었다. 나는 아직도 나를 잘 알지 못한다. 결국 나는 나를 모르는 것이다! 그러면 또 더 갑갑해진다. 갑갑함을 보고 내가 나를 모른다는 사실을 발견하고, 그렇게 나를 모른다는 사실을 생각하면 또 더 갑갑해진다. 그렇게 나는 다람쥐 쳇바퀴 돌듯 순환에 쌓여 어지러워하면서도, 그 어지러움을 뚫고 나오는 길을 찾을 수가 없었다.

몸의 느낌을 좇아

아침 8시에 다시 수불스님의 법문이 있었다. 법문을 들으며 눈물을 쏟고 있는데, 문득 수불스님이 이런 내 모습을 보고 아직도 화두를 타파하지 못했다고 판단해서 나를 차담에 나오지 못하게 한다거나 간화선연구소에서 제외시키면 어떻게 하나 하는 걱정이 일기도 했다. 그러나 그렇다면 제발 나를 눈뜨게 해달라고, 나의 간절함을 외면하지 말아달라고 마음속으로 외쳤다.

부산에서의 공부와 비교해보면, 그때는 계속 생각이 나를 따라다니며 괴롭힌 데 반해, 이번에는 화두를 드는 순간 생각으로부터 조금은 자유로워졌음을 느낄 수 있었다. 금방 화두가 몸에 와서 닿는 느낌이었다. 물론 부산에서도 그런 과정이 있기는 했다. 화두를 들고 며칠 뒤 몸이 숨을 쉬는 듯했고 떨림이 느껴지기도 했다. 그런데 이번에는 화두에 집중하면 곧장 별다른 생각이 일어나지 않고, 그저 몸 안에서 기운이 빙빙 도는 느낌이 들었다. 어느 순간 몸에 열이 나기도 하고 머리가 아프기도 하면서, 이것이 화두가 걸리고 의정을 거쳐 의단이 형성되는 것인가 스스로 묻기도 했다. 그러다가 오랜 시간 몸이 빙빙 도는 느낌이 들었는데, 눈을 뜨면 그 기운을 따라 주기적으로 앞의 방석이 연두색으로 물들었다. 그러다 눈을 감으면 바로 동일한 속도로 그 자리에 붉은빛이 떠올랐다. 무념의 상태에 쉽게 이르는 것 같은 느낌이 들기도 했다. 무념의 경지에 이르러 시간의 흐름을 끊고 순간에 머무르게 되기를 바라는 원을 세우기도 했다.

허탈감에 빠져

오전에 내 뒤에서 누군가의 호흡이 가빠지는 소리가 들렸다. 숨소리가 커질 때 나는 그것이 지난번 나처럼 혹 비명으로 이어지지 않을까 기다렸다. 그러나 큰 숨소리는 곧 엄청난 대성통곡으로 이어졌고, 어느 정도 시간이 지난 후 멎었다.

이틀쯤은 특별한 생각에 끌려가는 일 없이 온몸으로 화두를 느끼고 혹 생각이 스쳐 지나가도 거기 매달리지 않고 지냈는데, 셋째 날부터는 다시 생각이 밀려왔다.

간화선을 수행하면서 내가 도달하고자 하는 마음 상태는 개념 내지 공상共相을 따라 사려분별하는 일상적인 제6의식의 상태도 아니고, 그렇다고 자상自相의 현상세계를 그려내는 업식(아뢰야식)의 활동 상태도 아니다. 그건 우리가 이미 항상 갖추고 있는 상태다. 간화선은 우리에게 이미 있는 그 마음 상태를 직접 바라볼 수 있는 지점에 서게 한다. 그 지점은 공상의 자리도 자상의 자리도 아니고, 바로 무상無相의 자리다. 간화선은 마음에서 상이 생겨나기 이전의 자리, 무상의 자리에서 눈뜨고자 하는 것이다. 그 자리에 서야 자상과 공상이 마음이 그려낸 상임을 보게 된다. 그래야 내 눈이 바라보고 내 의식이 포착하는 이 일체 현상세계가 내 마음을 떠나 있지 않다는 것, 그렇게 내 마음은 일체 현상세계와 분리되지 않은 하나라는 것을 알게 된다. 그러니까 간화선은 마음의 본래 자리에 이르기 위한 노력이다. 세계와 하나인 나의 본래 마음 안에서 나와 세계를 분리하는 일제의 장애를 허물고자 하는 것이다.

수불스님은 업식에서 탐진치를 뽑아내어 본래 자리로 가야 한다고 하셨다. 내 의식에서 내 마음의 본래 자리로 가기까지, 그 중간을 가로막고 있는 나의 업을 뚫어야 하는 것이다. 업으로 막혀 있는 그 통로에 내 마음이 들어가 부딪히며 갑갑해하고 괴로워하면서 그 막힌 업을 뚫고 지나가야 하는 것이다. 그 업을 뚫고 지나가려 하니, 죽도록 힘이 드는 것이다.

오후에는 또 다른 사람이 숨을 거칠게 몰아쉬기 시작했다. 그런데 통곡으로 이어지지도 않고 비명으로 이어지지도 않고, 강한 신음으로 이어졌다. 마치 성적 절정의 순간 나오는 신음 같기도 했다. 곁의 사람과 함께 둘이 그런 신음을 계속 내고 있었는데, 그런 광경은 처음이었다. 그렇지만 아무도 바라보지도, 건드리지도 않았다. 한참 후 누군가가 뒤에서 '할'을 하는 소리가 들렸다.

저녁 공양 후에 미산스님과 이야기를 나누게 되었다. 성승연 선생과 함께 식당 옆길로 새서 과외를 받은 셈이다.

"화두를 받고 집중하는 것이 두 번째에서는 대개 잘되지 않아요. 그래도 잘 해보세요. 열심히 화두에 집중해보세요."

성승연 선생이 말했다.

"예전에 비해 몸의 느낌에 더 많이 예민해진 것 같아요."

"그럴 수 있지요. 의식을 넘어서려 하다 보니 당연히 몸에 더 민감해지겠죠."

미산스님은 그래도 잘 해보라고 하셨다. 내가 이번에 미황사에 오게 된 것은 수불스님 지도하에 다시 한번 화두 공부를 하면서 우주와 하나 되는 체험을 해보고 이 체험의 정체를 분명히 알아내고 싶기도 했기 때문이었지만, 사실 더 큰 이유는 남편이 이 체험을 해보길 바랐기 때문이었다. 나는 나의 세계를 남편과 꼭 함께 나누고 싶었다. 그런데 지나가다 남편과 마주치면 늘 공부가 잘 안된다고 했다. 미황사에 내려온 후로 사나흘 동안 총 다섯 시간도 제대로 못 잤는데 앉으면 졸리고 자려고 누우면 눈이 말똥말똥해진다며, 몸과 마음이 완전 반대로 논다고, 자기는 안 되는가 보다고, 그냥 인내심이나 기르겠다고, 온 김에 그냥 끝까지 버티고 앉아 체중이나 줄이고 가겠다고 했다. 말할 수 없이 속상했다. 문득 나 스스로 그 체험에 대해 확연치않아 갑갑해하면서도 남편이 그 체험을 하기를 바라는 것을 보면, '내가 이 체험을 굉장히 중요하게 받아들이고 있구나' 하는 생각이 들기도 했다. 어쨌든 이번 공부에서는 남편이 그것을 해내는 것이 내겐 가장 중요했다. 그래서 미산스님에게 부탁을 드렸다.

"저 이번에 여기 남편이랑 함께 왔어요."

"팽 교수님이라는 분이죠?"

"네. 미산스님에게 부탁드리려고요. 지난번 스님이 부산에서 제게 해주셨던 것처럼 남편도 잘 지도해주세요. 그 사람도 꼭 할 수 있도록 이끌어주세요."

"네. 관심을 두고 보겠습니다."

미산스님이 그렇게 하겠다고 하시니 마음이 놓였다. 나는 이렇게 부탁을 드릴 수 있는 분이 있다는 것, 내 곁에 미산스님이 계시다는 것이 너무나 감사했다.

저녁 법문을 들은 후 또다시 이런저런 생각이 떠올랐다. 순간을 체험한다는 것, 시간의 흐름을 끊는다는 것은 결국 밀려오는 업력에 맞서는 것이다. 그래서 힘이 든다. 연어가 물줄기를 거슬러 올라가고 개가 죽어라 물고 늘어지는 것은 다 시간을 멈추게 하려는 노력이다. 시간의 흐름을 멈춘다는 것은 과거에서부터 밀려오는 업력에 저항하고 그것을 거슬러 올라가는 것이다. 그것은 결국 시간 흐름 속 제6의 식의 작용을 멈추는 것이다. 그러니까 화두만 붙잡고 의식 작용, 사고 작용을 멈추려고 하는 것이다. 의식적 사고는 시간의 흐름을 따라 진행된다. 의식에 의해 시간의 흐름이 형성되고 그 시간의 흐름 속에서 의식의 작용인 주객분별, 자타분별이 일어난다. 화두에만 집중하고 이런저런 생각을 일으키지 말라는 것은 곧 시간의 흐름에 휩쓸려 가지 말고 그 흐름 바깥의 찰나로 튕겨 나가라는 말이다. 시간의 흐름에서 나오는 순간 도달하는 자리가 바로 시간 밖 찰나의 자리, 불생불멸의 영원의 자리, 마음의 본래 자리가 아니겠는가? 그 마음의 자리로 돌아가 자신의 본래 모습을 보는 것,

그것이 곧 견성이고 돈오가 아니겠는가?

문득 제6의식의 사려분별 작용을 끊고 그 의식을 넘어서는 것이 결국 무엇을 의미하는가를 스스로 물어보았다. 인간을 다른 짐승이나 초목으로부터 구분 짓는 것이 바로 이런 의식의 사려분별 작용이 아닌가? 인간이 인간다운가 아닌가를 결정하는 것이 바로 생각이 아닌가? 맹자는 인간의 인간다움을 결정하고, 대인을 소인과 구분 짓는 것을 생각이라고 하지 않았나? 그런데 왜 이 의식적 생각을 넘어서려 애쓰고 있단 말인가? 의식으로 의식을 넘어서려는 노력, 의식으로 의식 끝까지 가보려는 노력이 왜 필요하단 말인가?

그런 생각을 하는 동안에도 몸이 빙빙 도는 듯한 느낌이 지속되었다. 이번에는 지난번과 달리 생각이 많이 멎었구나 싶었는데, 또다시 이렇게 생각만 하고 있는 걸 보니, 갑자기 슬퍼졌다. 생각을 멈추고 찰나를 포착하려고 노력하면 두통이 왔다.

그러다가 문득 몸이 빙빙 도는 기운과 그 느낌이 성적 자극과 유사하다고 생각했다. 그러자 불현듯 이 자리에서 우리가 의식적 사고를 멈추고 체험하고자 하는 것이 결국 육체적 본능, 생사의 본능이 아닌가 하는 생각이 들었다. 생사를 둘러싼 탐진의 욕망을 생생하게 직면하려는 것이구나. 생과 연관된 성적 욕망이 생생하게 드러나고, 죽음과 연관된 분노와 원망의 감정이 생생하게 드러나는 것이구나. 화두가 타파될 때 일어나는 강한 신체적·감정적 반응은 그런 생생한 감정이 북받쳐 오르는 것이구나. 내가 거슬러 이겨내고자 하는 탐진치 삼독은, 결국 내가 동물과 공유하는 육체적 욕망으로부터 말미암는 것 아니겠는가? 나는 작년에 울음, 공포, 전율을 체험했었다. 다만 내게 심한 진동이나 웃음이 없었기에, 나는 그 상태가 어떤 것인가를 알고 싶어 이 공부를 마저 해보고 싶었다. 그런데 문득 강한 진동 또한 성적 자극 내지 성적 만족과 유사한 것이 아닐까 싶었다. 내가 부러워했던 큰 웃음도 성적 만족감과 무관하지 않아 보였다. 이 체험에서 우리가 맛볼 수 있는 것은 결국 생사의 차원, 생멸하는 차원에서 벌어지는 것들에서 의식적 사려분별을 걷어내고 그 자체로 생생하게 체험하는 것이 전부가 아닐까? 각자의 업에 따라 그중 가장 큰 장애가 타파되면서 자유로움을 느끼게 되는 것 아닐까? 그러니까 각자가 자신의 업으로부터 자유로워지는 방식이 다 다르고, 따라서 체험 내용도 다 다르지 않을까? 그렇게 생각하니, 나는 공포와 전율 그 정도면 됐지, 다시 또 진동이나 웃음을 경험하길 바랄 필요가 없다는 생각이 들었다.

겨우 그뿐이란 말인가? 허탈감이 몰려왔다. 그 허탈감과 허전함에 몇 차례 기가 막혀 웃음이 나왔다. 이게 대체 뭐란 말인가? 의식을 걷어내고 우리 중생의 본래 모습을 바로 바라보라고 스님이 우리에게 최면을 거신 거다. 집단 최면. 그렇게 해서 내가 본 중생의 모습은 그저 불쌍할 뿐이다. 그리고 이 수행, 체험, 깨달음이 정말 별것 없는 것이라는, 정말 아무것도 아니라는 느낌이 들었다. 내가 내 안에 쌓아놓은 의식의 분별로 인한 업력을 다 치워놓고 그저 그 의식의 밑바닥을 보는 것이다. 의식 밑바닥의 나, 그 나는 정말로 별것 없다. 정말 별것 없다. 태어나서 먹고 싸다가 죽는 동물일 뿐이다. 그걸 알아내기 위해 앉아 있었던 것이다. 이 허탈한 인생길. 중생이 그저 불쌍하다. 허탈감에 눈물이 나왔다. 너무 허탈하여 한참 웃다가, 다시 너무 서글퍼서 흐르는 눈물을 거둘 수 없었다. 웃다가 울다가, 그러는 중에 문득 이렇게 또 한판의 게임이 끝났다는 생각이 들었다. 수불스님과 마주하여 내가 해낸 또 한 번의 게임. 작년 겨울 어느 순간, 바로 이런 느낌에 휩싸였던 적이 있었다.

그런데 작년에는 한차례 이런 허탈감을 느끼고 난 후, 선방에 다시 돌아가 앉았을 때 공포와 전율이 왔었다. 그러면 이번에도 또다시 뭔가가 벌어질까? 이렇게 마음을 텅 비운 이후 뭔가가 다시 있지 않을까?

밤중에 성승연 선생과 대웅전 앞뜰을 거닐면서 많은 이야기를 나눴다. 내가 무슨 생각을 했었는지, 왜 허탈하게 웃다가 다시 또 눈물을 흘렸는지, 다 이야기했다. 도대체 이 수행이 갖는 힘의 정체가 무엇인지, 수행 동안 우리 마음에서 무슨 일이 벌어지고 있는지, 우리는 그 발생 기제를 확연하게 알고 싶어 했다. 화두가 우리의 마음을 가로막고 있는 우리의 업과 번뇌들을 긁어모아 단 한 번에 그것을 폭파하는 엄청난 힘을 가지고 있음을, 그런 기제에 따라 화두 공부가 진행된다는 것에 우리는 의견을 같이했다. 그런데 화두에 집중하다가 그것이 터지는 순간 신체적으로 진동이나 떨림이 일어난다거나 크게 울거나 웃는 등의 과정을 거치고 난 후 심리적으로 엄청난 카타르시스가 일어나는 것이 과연 요가나 다른 수행들과 어떻게 다른 것일까? 우린 그런 것들이 궁금했다. 성승연 선생은 수년 전 현정법사에게 수학하면서 했던 체험을 이야기해주었다. 집안이 이런저런 우여곡절을 겪으며 몹시 힘들어졌을 때, 마음이 너무 괴롭고 앞길이 막막하게 느껴져 어느 날 현정법사에게 그 마음 상태를 말씀드렸더니, 그때 법사가 물으셨다고 한다.

"그래서 뭐가 문제인데?"

그 말을 듣는 순간 한대 얻어맞은 듯, 그동안 자신을 옥죄던 많은 번뇌가 일시에 타파되었다고 한다. 한순간에 짐을 내려놓게 된 것이다. 과연 그런 체험과 이 화두 공부가 무엇이 다를까?

왜 화두인가

화두 공부가 어떤 것인지 대강의 이해는 잡혔지만, 어제 느꼈던 허탈감이 계속 남아 있었다. 그런데 이런 허탈감만 느끼고 그냥 돌아간다면 실패다. 작년에도 결정적인 것은 허탈감 이후에 찾아왔기 때문이다. 이번 수행도 그럴까? 그러나 이 7박 8일의 마음공부에서는 원래 생멸의 차원만 경험하고, 그 이상의 차원으로 나아가는 것은 그 다음의 과정인지도 모른다. 과연 이 7박 8일을 통해 내가 어디까지 나아가야 하는지 어떻게 알 수 있단 말인가? 그걸 모른다면, 내가 제대로 통과했는지 아닌지 어찌 알 수 있단 말인가? 나 자신도 모르는 것을 수불스님은 아신단 말인가?

화두 공부에 관한 생각이 정리되고 있다고 느껴질 때, 나는 한편으로는 그것이 내가 바라던 것이기에 좋기도 했지만, 또 다른 한편으로는 나는 왜 이렇게 끊임없이 생각에만 매달리고 있는 것인지 문득 서럽게 느껴지기도 했다. 작년에는 그래도 생각이 한계에 닿았을 때 공포와 전율을 느끼고 비명을 지르는 등 뭔가 무의식이 표출되는 경험이 있었다. 사려분별적 의식 너머로 나아가는 것, 그것이 이번에는 왜 일어나지 않는가? 색계나 무색계의 선정에 드는 것, 내겐 왜 그런 일이 일어나지 않는가? 그 생각을 하면 또다시 갑갑해졌다. 난 도대체 무엇을 하러 미황사에 온 것인가? 두 번의 시도로써 내가 이뤄야 할 것은 과연 무엇인가?

점심 공양 후 성승연 선생과 걷다가 혜민스님과 마주쳤다. 혜민스님은 작년에 우리와 함께 공부를 시작했지만 아주 일찍 마쳤었다. 수불스님은 시적인 자리에서 몇 번이나 말씀하셨다. 혜민스님은 워낙 영민해서 화두를 제대로 잡더니 짧은 시간 안에 화두타파를 이뤄내더라고. 이 속세의 나를 어찌 불법을 깨닫고자 자기 인생을 건 스님과 견줄 수 있겠는가? 그래도 부러운 것은 어쩔 수 없었다. 성승연 선생과 나는 어쩔 수 없는 우리의 한계를 '영민하지 못함'으로 돌렸다. 그리고 농담 삼아 혜민스님은 영민과에 속하고 우리는 영민하지 못한 과에 속하는 사람이니, 이름을 '안영민'으로 하자고 했다. 그러나 그 농담 속에는 화두를 들고 느끼는 갑갑함 못지않은 내 인생 전체에 대한 갑갑함, 비애, 서글픔 등이 스며 있었다. 그게 어디 나쁘이겠는가? 바라는 것을 이룰 수 없는, 모르는 것을 알 수 없는 그 한계를 운명으로 받아들이고 서러운 삶을 살아내야만 하는 우리 모두의 슬픔이 아니겠는가?

성승연 선생이 혜민스님에게 물었다.

"스님은 작년에 그 일을 경험한 후 다시 한번 화두 공부를 하겠다는 생각이 전혀 안 드시나요?"

말하자면 왜 우리처럼 두 번 하지 않느냐고 물은 것이다. 혜민스님이 대답했다.

"그때 몸과 마음이 자유로워짐을 확연하게 느꼈는데, 왜 다시 하겠어요? 그럴 필요성을 전혀 느끼지 않는데요."

그 짧은 대화를 뒤로 하고 걸으면서 우리는 다시 말했다.

"그래 우리는 '안영민'이지. 과가 다른 거야."

대웅보전 앞을 걷다가 멀리 수불스님을 보았다. 성승연 선생이 수불스님에게 가서 우리의 문제를 이야기해보자고 했는데, 내가 머뭇거렸다. 그러면서 나는 내가 특별히 좋아하거나 존경하는 사람을 만나면 말이 안 나온다고, 나는 그냥 가겠다고 말했다. 그렇다. 나는 나 자신에 대해서는 아무리 답답해도 상대에게 다가가 물음을 던질 용기를 갖고 있지 못했다. 나 혼자였다면 피해 갔을 것이다. 늘 그랬듯이. 빠른 걸음으로 피하려는 나를 잡아 세우며 성승연 선생이 말했다.

"한 선생, 정말 문제 있어."

성승연 선생이 나를 이끌고 수불스님에게 다가갔다. 수불스님은 벌써 알아보고 말씀하셨다.

"내게 뭘 묻고 싶은 것이 있지요?"

우리를 데리고 대웅전 옆 건물로 가셨다. 마루에 앉아 이야기를 나누었다. 성승연 선생이 우리의 고민을 대충 말씀드리자, 수불스님이 말씀하셨다.

"또다시 힘들게 애써 화두를 들려고 하지는 마시오. 이미 일체가 헛것임을 보았는데, 나를 괴롭히는 것이 망상임을 이미 보았는데, 들고 말고 할 것이 이미 없는데, 모두 자기가 속아서 그 속은 것과 싸우고 있는데, 뭘 또 스스로 속으려고 하고 있어? 한 번 속지, 왜 두 번 속나?"

"그런데 혜민스님 같은 분은 본인이 화두타파가 되었다는 것을 확연하게 아는데, 우리는 그것이 확연치 않으니 다시 해야 하는 것 아닌가요?"

"화두타파의 순간 깨닫는 것은 자신의 업에 따라 천차만별이요. 누구는 심신탈락을 경험하며 크게 자유를 느낄 수도 있고, 또 누구는 '겨우 이거야? 별거 아니잖아' 이렇게 느낄 수도 있지. 그럴 때 누가 더 깊이 체험했다고 말할 수 있겠어? 누가 더 깊이 깨달았다고 말할 수 있겠어? 각자 업에 따라 다른 겁니다. 뭐가 더 남아 있으리라고 생각하는 것, 그게 망상인거지."

그 자리에 회장보살님도 계셔서 우리 이야기를 들으셨다. 회장보살님은 작년 공부 후 처음 차담에서부터 내가 늘 미진해하고 답답해함을 아시고 마음 써주시며 위로해주시곤 하셨다.

"지난겨울 부산에 처음 왔을 때 보니 얼굴에 가면을 딱 쓰고 있던데, 공부 마치면서 그걸 싹 벗어놓고도 그걸 믿지 못해서 계속 '내 얼굴에 가면 있지? 내 얼굴에 가면 있지?' 그러고 있어."

회장님 말씀은 늘 따뜻하게 느껴졌다.

"그런 의심과 사려분별이 자기 업이라 어쩔 수 없어. 그래 그러면서 살아야지."

이 말씀을 들으니 왠지 마음에 알 수 없는 평온함이 찾아왔다.

"생각으로 전부 확연히 풀고자 하는 것, 이론적으로 체계적으로 환히 밝히고자 하는 것, 그것은 본인의 업식 때문이니 어쩔 수 없어. 그게 교수로서 해야 할 일이고 연구이니 어쩌겠어. 또 그렇게 해야 남들도 깨닫게 해줄 수 있지. 그냥 계속 그렇게 살아. 언젠가는 마음이 아주 편안해질 거야. 다 내려놓고도 또 뭔가 있다는 생각이 계속 남는다면, 그건 안고 살아가야 해. '아름다운 동행'이라 할 수 있지. 세월이 지나면 저절로 다 해결돼."

수불스님, 회장보살님에게 인사드리고 나서, 조금은 편안해진 마음으로 성승연 선생과 나는 함께 부도전이 있는 곳까지 걸어갔다 왔다. 그러면서 우리는 나름대로 이 화두 공부에 관한 생각을 정리해보았다. 화두가 걸린다는 것은 자기 마음속에 자신도 모르게 쌓여 있는 지난 업력들을 긁어모아 쌓는 것이다. 마치 불붙일 장작을 쌓듯이, 지난 삶으로부터 남겨진 앙금과 의식의 잔재물을 모두 다 긁어모아 그것이 한 번에 폭파하기까지 쌓는 것이다. 화두는 마치 자석처럼 그것들을 끌어모은다. 그것이 쌓이면 쌓일수록 심신이 무거워지고 갑갑해지고 숨이 막히게 된다. 그러다가 그 압력이 절정에 이른 어느 순간 드디어 그것이 폭파한다. 그것이 화두가 타파되는 순간이다. 그 무너짐의 순간, 아픔에 소리치기도 하고, 슬픔에 울기도 하고, 감춰진 욕망에 환희의 웃음을 터뜨리거나 조용히 미소 짓기도 한다. 마치 폭죽이 터지는 방식이 각양각색인 것처럼, 화두타파는 그렇게 각자의 업을 따라 저마다의 방식으로 일어난다. 화두가 끌어모은 것들은 지난 업들이 남긴 잔재일 뿐, 본래 있던 것은 아니다. 다 내 마음이 만들어 쌓아놓았던 것이니까, 본래 없는 것이니까, 그렇게 본래 없던 것이 본래 없는 모습으로 사라지는 것이다.

저녁 공양 후 자하루에 앉아 화두에 관해 생각하다 이런 시상이 떠올랐다.

그것은 광속으로 날아와
내 마음에 박히는 화살촉
아, 심장을 찌르는 아픔이여

그것은 자석이 되어 과거를 향해 날아가며
내 심신에 붙어 있는 업장을 긁어모은다
살점을 떼어내는 아픔이여
견디기 힘든 업장의 무게여

그리고 그것은 불꽃이 되어

쌓여 있는 무더기에 불을 붙인다
불길에 휩싸여 몸은 타고
연기에 질식하는 아비규환

업장이 타오르고 남은 자리
아스라이 재만 남은 그곳에
번져오는 관세음보살의 미소
그것은 본래 광명이었다

화두, 그것은 빛이었다

이런 식으로 화두 공부에 대한 내 생각이 어느 정도 정리되었던 걸까? 내기 알 것을 알아야 한다는 바림도 있지만, 오며 가며 내 마음속에 남아 있던 중요한 숙제는 남편이 뭔가를 체험하는 것이었다. 토요일이 회향식이면, 그 전날 금요일에는 공부를 정리하는 차담이 있다. 그러니까 적어도 금요일 새벽까지는 공부를 마쳐야 한다. 부산에서 내가 경험한 시간도 그랬다. 화요일 밤이 되니까 나는 서서히 조급해졌다. 수요일 하루만 더 기다리고 그때도 안되면 목요일에는 내가 대웅전에 가서 삼천 배라도 드려야겠다는 생각이 들었다. 내 삼천 배의 간절함이 남편에게 작은 도움이 될 수 있다면, 그렇게 작은 보탬이라도 더해줄 수 있다면, 마다할 이유가 없었다. 나는 여지껏 삼천 배를 드려본 적이 없었다. 이 기회에 남편을 위해 안 하던 것을 한번 해보자는 생각이 들었다.

밤중에 자하루 앞에서 성승연, 박찬욱 선생과 이야기를 나누면서 내가 말했다.

"남편이 내일도 못 마치면, 목요일에는 법당에 가서 삼천 배를 드릴까 봐요. 삼천 배 드리는 데 몇 시간쯤 걸리죠?"

"하루 종일 걸릴걸요. 그거 쉽지 않아요."

"전 아직 한 번도 해본 적이 없는데, 남편이 통과하라고 한번 해볼까 해서요."

"남편을 위하는 마음이 대단하시네요."

"아니에요. 다 저를 위해서예요. 저 사람이 통과해야 제가 앞으로 편하게 살죠."

"결국 다 자길 위한 거네요."

"네, 물론이죠."

우리 팀 중에는 이틀 뒤에 도착해서 아직도 화두를 들고 있는 사람이 한 명 더 있었다. 성승연 선생과 함께 간화선 연구소에서 심리학 연구를 진행할 박성현 선생이다. 이분은 이 공부가 벌써 세 번째다. 나는 성승연 선생에게 농담 반 진담 반으로 말했다.

"그때까지 박성현 선생도 못 마치면, 우리 목요일에 같이 삼천 배 드려요. 난 남편을 위해서, 선생님은 박 선생을 위해서요. 간화선을 연구하는데, 화두타파를 체험하지 않으면 말이 안 되잖아요? 그러니 동료를 위해, 아니 선생님의 연구를 위해 그 정도는 할 수 있지 않아요?"

마침 자하루 앞을 지나시던 미산스님이 그 이야기를 듣고는 말씀하셨다.

"차라리 박 선생 곁에 앉아 함께 정진하는 것으로 힘을 보태세요."

"왜요? 삼천 배의 원력이 더 크지 않을까요?"

"다른 곳에서 삼천 배를 한다 하더라도, 일어섰다 엎드렸다 하면 기운이 움직이니까 좋지 않아요."

미산스님이 덧붙여 말씀하셨다.

"팽 교수님은 될 거예요."

다시 우리가 셋이서 화두 공부가 무엇인가에 대해 이야기하고 있었는데, 근처에 있던 김홍근 선생도 합류했다. 화두 공부가 무엇인가? 박찬욱 선생의 주요 명제는 이것이었다.

"몸은 안다. 의식이 모르는 것을 몸은 안다."

그러고 나서 말했다.

"우리의 업장이 쌓여 있는 곳은 몸이다. 그리고 화두는 갈고리에 비유할 수 있다. 화두는 우리 몸에 쌓여 있는 업장을 긁어모아 그것을 폭파한다."

박찬욱 선생의 이런 설명을 들으면서 결국 우리는 비슷한 결론에 이른다는 것을 알았다. 김홍근 선생은 우리의 7박 8일의 공부 결과인 견성 내지 돈오와 확철대오廓徹大悟를 서로 다른 두 경지로 구분하고 있었다. 그럴지도 모른다. 본성 내지 마음의 자리를 보는 순간 우주 만물과 내가 하나라는 것을 확연하게 알게 되기를 바라는 것은 내가 그 두 경지를 구분하지 않고 자꾸 뒤섞어 생각하기 때문인지 모른다. 7박 8일의 공부 결과 눈을 떴는데, 왜 일체 진리가 확연하게 드러나지 않는단 말인가? 그것을 갑갑해하면서 또다시 공부하겠다고 미황사까지 왔다. 그러나 그 둘이 서로 다른 것이라면, 김홍근 선생처럼 두 단계로 구분해버린다면, 문제는 간단하다. 김홍근 선생에게 물었다.

"그러면 7박 8일 이후 확철대오에 이르는 공부는 어떤 것이라고 생각하세요?"

"그 이후에 경전과 논전을 읽으면서 공부하는 것이지요.

이미 경론을 읽어 불교의 진리를 머리로라도 훤히 이해하고 있는 사람이면, 7박 8일의 공부 결과 눈을 뜰 때 확철대오할 수도 있어요. 그러나 그런 이해가 이미 갖추어져 있지 않은 사람은 7박 8일 공부로 돈오한 이후에 계속 부처님 말씀과 가까이해야만 확철대오에 이를 수 있어요."

그의 설명대로라면 나는 현재 그다지 답답해할 필요가 없다. 경론을 머리로 이해하는 것에 관한 한 나는 별 답답함을 느끼지 않는다. 경론의 글귀를 이성적으로 논리적으로 좇아가며 이해하는 것은 내겐 그다지 어렵지 않기 때문이다. 교학은 어렵지 않다. 문제는 선禪이다. 교학에서 다루는 내용을 머리가 아니라 직접 눈으로 보려고 하는 순간 막막해진다. 그러나 해오解悟가 아니라 증득證得을 바란다면, 그건 원할 수밖에 없지 않는가? 경전을 따라가며 머리로 이해하는 것 이상으로 확철대오, 활연관통, 인생과 우주의 신비를 꿰뚫어 알 수 있으려면, 뭔가 다른 힘이 있어야 하지 않겠는가? 그런데 그 힘이 내게 빠져 있으니 미치겠는 거다. 나이는 벌써 오십을 넘었는데, 이 책 저 책 주워들어 아는 것 이외에 내 눈으로 직접 확인해 아는 것이 없으니 인생이 서러운 거다.

밤늦도록 자하루 앞에서 네 명이 서서 이야기했다. 앞으로 간화선연구소에 자주 모여 화두 공부가 무엇인지, 불교의 진리가 무엇인지, 서로 절차탁마하자고 이야기했다. 이렇게 좋은 도반들을 만나게 된 것이 내겐 참 다행스러운 일이라는 생각이 들었다.

남편의 체험

잠결에 "악, 악!" 하는 소리를 듣고는 '누가 또 요란스럽게 하루를 시작하는구나' 생각하며 계속 누워 있었다. 그러다가 너무 늦게 일어나 아침 공양을 걸렀다. 남편은 어찌 되었을까 걱정하며 마당으로 나왔는데, 마침 남편을 만났다. 그때 옆에 누가 있었는지는 기억나지 않는다. 어쨌든 일을 마쳤다는 소식을 듣고, 너무나 기뻤다.

"아, 해냈구나, 해냈어!"

어찌 보면 내가 끝냈을 때보다 더 기뻤는지도 모른다. 나는 끝내고도 이게 정말 끝인가 아닌가 하며 미진한 느낌이 있었지만, 남편이 끝냈다는 말을 들었을 때는 그걸 정말 끝으로 받아들일 수 있었기 때문이다.

남편은 자신의 체험을 이렇게 이야기했다. 며칠간 손가락을 움직이는 자가 누구인가라는 화두에 집중하는데, 그게 그다지 궁금하지 않았다고 한다. 그러나 계속 열심히 집중하면 앞의 사람 등 뒤나 앞에 놓인 빈 방석 위에 동물이나 식물, 여러 물건 등 수많은 상이 스치고 지나갔다고 한다. 너무도 섬세하고 확실하고 분명하게. 계속 집중하면 그런 상들만이 떠오를 뿐, 별다른 일은 일어나지는 않았다고 했다. 아니다. 이미 첫날 특이한 경험을 하긴 했다고 했다. 첫날 수불스님이 화두를 주실 때 갑자기 머리가 핑 도는 듯했고, 순간 자기도 모르게 환한 웃음이 터져 나왔다고 한다. 그리고 식당에 가려고 나와서 걷는데, 알 수 없는 눈물이 쏟아졌다고 한다. 하지만 이건 아무것도 아니라고 생각하며 넘어갔단다. 이튿날 수불스님이 다시 법문을 하시는데, 온몸에 진동이 왔다고 한다. 수불스님이 자신을 한참 지켜보다가 '할'을 하셨는데, 온몸의 진동이 멈추고 나서 0.2초쯤 후였다는 것이다. 그것 또한 아무것도 아닌 것으로 여기고 넘겼다고 한다. 그 이상을 바라고 있었을 테니까. 그 후엔 수면 부족으로 어지럽고 끊임없이 온갖 상만이 그려졌는데, 그럴 때는 그 상에만 집중했다고 한다. 그러다가 화요일 미산스님이 불러내어 내가 따로 부탁했다는 말씀을 하시고는, 상에 매달리지 말고 화두를 들어 생겨나는 궁금한 마음에만 집중해서 그 궁금증의 폭을 점점 더 크게 확장해 나가라고 말씀해주셨다고 한다. 그때 비로소 그는 방법이 확연히 잡히고, 뭐가 될 것 같다는 예감이 들었다고 한다.

그리고 화요일 밤 예전과 다르게 서너 시간쯤 푹 자고 일어나 수요일 아침에 화두를 들고 앉아 있는데, 집중의 강도가 60-70도 정도로 끓어오르는 것이 느껴졌다고 한다. 아침 공양 시간이 되어갈 무렵 집중의 강도가 80-90도까지 끓어오르는 것이 느껴져서 그냥 머물러 있기로 마음먹었단다. 그러고 나서 2-3분이 채 넘어가기 전에 눈앞에 갑자기 뭔가가 휙 지나갔는데, 그게 구체적으로 무엇인지 판단할 수는 없었지만, '아, 바로 이거다!'라는 확신이 들어 온 힘을 다해 거기 집중하자, 눈앞이 온통 황금빛으로 바뀌면서 몸이 진동하기 시작했단다. 몸 아래 돌 판대기들이 조각조각으로 나뉘어 들썩들썩하면서 몸이 강하게 진동했고, 그럴수록 더 집중하자 고함이 터져 나왔고, 그렇게 한참 고함치다가 마지막에 탈진하여 뒤로 털썩 쓰러지면서 눈물을 쏟아냈단다. 한참을 울고 나니 그다음 깊은 평온함이 느껴졌는데, 그 순간 고苦와 락樂이 둘이 아니라 하나라는 생각이 들었단다. 그 전체 과정이 자기도 통제할 수 없는 힘에 따라 움직였는데, 그러면서도 그 움직임을 지켜보는 의식이 끝까지 따라다니는 것을 또한 느꼈다고 한다. 그 과정을 마치고 이제 아침을 먹어야겠다고 생각하며 밖으로 나오다가 박찬욱 선생을 만났는데, 남편이 끝낸 것을 알아보고 박찬욱 선생이 포옹하자 자기도 모르게 또 눈물을 흘렸단다. 이어 미산스님을 만났는데 그때까지도 눈물을 그치지 못하고서 울먹이는 목소리로 "감사합니다"라고 말했단다.

그 이야기를 들으며 우리가 같은 경험을 하고 같은 세계에 살게 된 것 같아 너무도 기뻤다. 그때 미산스님과 마주쳤다. 나는 벅찬 표정으로 말했다.

"미산스님 덕분입니다. 정말 감사합니다."

미산스님이 웃으며 말씀하셨다.

"점검받아봐야 합니다."

아, 내가 너무 설레발치는 것인가? 미산스님이 너무 까불지 말라고 주의를 주시는구나 싶었다.

남편은 다시 자하루에 좌선하러 가지 않고 절 옆길로 산보를 가겠다고 했다.

"같이 갈까요?"

"그래요."

우리는 둘이서 함께 산보를 했다. 남편의 체험 과정을 처음부터 다시 짚어보고 이런저런 생각들을 나누었다. 해남 바다에서부터 미황사에 이르는 옛 산책로를 거꾸로 따라 걸어가니 크고 작은 바위들로 이루어진 계곡이 나왔다. 바위에 걸터앉아 즐겁고 가벼운 마음으로 한참을 이야기하며 시간을 보낸 후, 다시 그 산책로를 걸어 나와 부도전 주위를 구경했다. 부도전 곁 암자에서 보이는 검푸른 바다는 세속의 소음을 모두 삼킨 듯했다. 점심 공양 시간이 다 되어가서 미황사로 되돌아가려 하는데, 이 길도 아닌 것 같고 저 길도 아닌 것 같았다. 우린 길을 잃었다.

"우리 득도得道하더니, 결국 실도失道했구나."

이러면서 이 길 저 길을 헤매고 있는데, 차가 한 대 지나 갔다. 길을 막고 물었다.

"미황사가 어디예요?"

"바로 이 큰길 아래에 있는데요."

바로 코앞에 두고 길을 잃다니. 바로 조금 전에 우리는 그 길을 걷다가 이건 마을로 가는 길이라고 하면서 또 다른 길을 찾았던 것이다. 그래, 본래 깨달음이란 것이 그런 것이리라. 본래 처음부터 거기 그렇게 가까이 있던 것. 그 것을 알아보지 못하고 이리저리 찾아 헤매는 것이 인생이리라.

돌아와 점심 공양을 하고 나니 회장보살님도 아주 기쁜 얼굴로 축하해주셨다. 남편이 언제 수불스님에게 점검을 받았는지는 모르겠다. 나와 성승연, 박찬욱, 크리스티나 선생이 함께 남편을 축하해주고 기뻐하고 있는데, 이미 통과한 외국인과 유학생 일여덟 명이 달마산으로 걸어 나가고 있었다. 우리도 선방에 들어갈 기분이 아니었다. 그래, 즐기자. 즐길 줄 아는 것도 정말 중요한 덕목이다. 이제 이 덕목을 실천해보자. 우리는 이렇게 의견을 모았다. 게다가 남편은 오랜만에 한국에 온 크리스티나 선생을 위해 한국의 아름다운 경치를 관광시켜주고 싶어 했었다. 지난겨울 부산에 갔다 와서 크리스티나 선생이 나와 동국대 박사과정 동기이며 부산에서 함께 좋은 시간을 보냈다는 말을 들은데다가, 크리스티나 선생의 인상이 무척 좋았었나 보다. 그래서 우리는 함께 해남 '땅끝전망대'를 다녀오기로 했다. 박성현 선생이 아직 선방에서 정진하고 있었지만, 옆에 있는 것이 부담될 수도 있으니 밖에 나가 마음으로 힘을 보태주자고 했다.

우리 다섯은 차를 타고 미황사에서 나왔다. 운전뿐 아니라 우리 일정 전체를 남편이 알아서 책임지기로 하고, 나머지 넷은 그냥 편한 마음으로 따라다니기로 했다. 명목은 남편의 화두타파를 함께 축하하는 것이었다.

하늘도 맑고 날씨도 좋았다. 비취색, 쪽빛색, 갈매색으로 드러나는 바다 빛깔도 아름다웠다. 우선 해남으로 가서 모노레일을 타고 땅끝전망대가 있는 곳으로 올라갔다. 전망대 건물 5층에서 바다와 거기 떠 있는 크고 작은 섬들을 바라보고는 3층 휴게실로 가서 음료수를 하나씩 마시면서 즐겁게 이야기를 나눴다. 우리 다섯은 모두 같은 회색 법복을 입고 고무신을 신고 있었기에, 남들 눈에는 좀 이상한 사람들로 보일 수도 있었을 거다. 우리가 구체적으로 무엇을 이야기했는지 별로 기억나는 것은 없는데, 끊임없이 깔깔거리며 웃고 즐거워했다는 것만은 분명히 기억난다. 이러한 소통이 너무나도 자연스럽고 정겹고 행복했기에, 우리는 우리를 '드림팀'이라고 불렀다. 서울에 가서도 간화선연구팀으로서 함께 작업하면서 좋은 발전을 이루어나가자고 의기투합했다.

전망대에서 내려와 함께 몇 장의 사진을 찍고, 다시 차에 타서 해안도로 전망 좋은 곳을 달렸다. 바다를 끼고 달리면서 보이는 풍경이 너무나도 시원했다. 우리는 어떤 것에도 쫓기는 것이 없었기에 충분히 여유를 느끼면서 경치 좋은 곳마다 차에서 내려 바다 풍광을 즐겼다. 공부를 마치고 수불스님이 하신 말씀은 언제나 "잘 살라!"는 것이었다. 잘 산다는 뜻이 무엇이겠는가? '지지자불여호지자知之者不如好之者, 호지자불여락지자好之者不如樂之者'라. 인생을 즐길 줄 안다는 것보다 더한 능력이 무엇이겠는가? 오직 마음이 자유로운 자만이 즐길 수 있지 않는가? 우리는 하늘과 바다, 해와 구름을 즐겼다. 그리고 오고 가는 대화 속에서 느껴지는 서로 간의 우정과 신뢰, 자유와 평온을 누렸다. 어느 전망 좋은 곳에서인가 크리스티나 선생이 자신의 삶과 고민을 이야기했을 때, 우리는 그것을 '집단 상담'이라고 칭하면서 서로 진지하게 듣고 반문하고 조언해주었다. 상담전문가 성승연 선생이 있고 또 나름대로 진지하게 자기 삶을 반추할 줄 아는 사람들이 있으니, 서로의 이야기가 서로에게 다 보탬이 된다는 것을 모두 느낄 수 있었다.

저녁 공양 시간쯤 미황사로 돌아오자마자 박성현 선생이 어찌 되었나 알아보았는데, 아직 통과하지 못하고 있었다. 걱정스러운 마음이 들었지만, 우리는 왠지 그가 곧 해낼 것이라는 믿음을 갖고 있었다.

저녁을 먹은 후 8시부터 공부를 마친 사람들만 모여 수불스님의 말씀을 듣는 시간을 가졌다. 그 자리에서 수불스

님이 말씀하신 내용이나 말씀하시는 방식은 자하루에서 우
리에게 화두를 던져주고 공부에 집중하도록 독려하실 때의
모습과는 완전히 달랐다.

"공부는 이제부터입니다. 지금 느낀 것, 지금 얻은 것을
갖고 잘 살아 나가는 것이 중요합니다. 저는 공부를 마친
여러분이 무척 자랑스럽습니다. 그러나 그것을 특별한 것
이라고, 뭔가 대단한 것을 해냈다고 생각하지 않기를 바랍
니다. 다른 사람 앞에 그것을 드러내거나 내세우려고도 하
지 마세요. 남의 마음을 상하게 하거나 다치게 해서는 절대
로 안 됩니다. 공부는 나도 살리고 남도 살리기 위해서 하
는 것이지, 남을 다치게 하는 것이 아닙니다. 항상 자신을
낮추어야 합니다."

웃으면서 이런 말씀을 허셨는데, 그 모습에서나 말씀의
내용에서나 구구절절 스님의 자비심이 느껴졌다. 그리고
질의응답 시간이 이어졌다. 누군가 수불스님에게 물었다.

"이 공부 이후에는 어떤 화두를 갖고 어떤 수행을 하면서
살아야 합니까?"

"다시 주인공을 찾는 화두를 들 필요는 없습니다. 이미
나를 본 것이니까요. 그냥 잘 사세요. 그러면 됩니다."

"이제 어떻게 살아야 합니까?"

"그냥 잘 살면 됩니다. 지금까지 살아온 대로 살면 됩니다. 어떻게 살라고 하면, 다시 거기에 매이게 되기 때문에 아무것도 말할 것이 없습니다. 자유롭게 살면 됩니다."

한 대학생이 물었다.

"스님은 왜 사십니까?"

그 당돌한 질문에 우리는 모두 소리 내어 웃었다. 스님은 앞의 물컵을 들고 말씀하셨다.

"너 물 마실 줄 알지? 그럼 물을 마시는 거야. 너도 물 마실 줄 알고, 나도 물 마실 줄 알아."

그러면서 스님은 물을 한 모금 마셨다. 어떤 의미일까? 아마 모두 나름대로 그 의미를 파악할 것이다. 인생의 의미를 어떻게 몇몇 개념으로 규정할 수 있겠는가? 인생의 의미는 분명 그 너머에 있을 것이다. 스님은 그것을 복잡하게 설명하려 하시지 않았다. 그 설명이 결국 다시 덫이 되어 삶을 얽어맬 테니까. 알아들을 자는 알아듣고, 눈 있는 자는 보라는 식이었다. 어떤 외국인이 물었다.

"저는 지금 너무나 행복한데, 집에 돌아가 혼자 있을 때 또다시 진동이 오거나 떨림이 오면 어떻게 하지요?"

우리는 또다시 크게 웃었다. 스님이 말씀하셨다.

"절대로 그런 일은 없을 겁니다."

또 다른 어떤 외국인이 물었다.

"저는 지금 아주 행복한데요. 스님을 포옹해도 되나요?"

스님은 그러라고 하셨다. 잘 살라고, 마음을 내려놓고 행복하게 살라는 말씀이 마치 길 떠나는 자식을 떠나보내며 염려하는 부모의 마음처럼 느껴졌다.

수불스님과의 시간을 마치고 나서 우리는 그냥 잠을 잘 수가 없었다. 마당에 서서 이야기하다가 모기가 너무 많아서, 우리 다섯은 허락을 받고 식당에 들어가 이야기를 계속했다. 화두 공부의 의미가 무엇인가, 우리가 여기서 하는 7박 8일의 공부와 그 이후의 공부에는 어떤 차이가 있는가, 그런 이야기를 나누었다. 나는 견성 내지 돈오의 깨달음과 확철대오의 깨달음을 서로 다른 것으로 구분한다고 해도 확철대오에 이르는 길은 그냥 마음을 비우고 자기 업을 닦아 나가는 점수의 길도, 그렇다고 김홍근 선생이 말한 것처럼 경전의 말씀을 머리로 이해하는 그런 해오의 길도 아니고, 뭔가 다른 길이 아니겠냐고 의문을 제기했다. 철저하게 수행하여 경지에 이른 스님들이 갖는 신통력이, 물론 그것에 매이고 거기 고착되어 머문다거나 그 힘을 이용하여 세속적 명리를 구하려 하면 문제가 있지만, 그것이 수행의 결과로 자연스럽게 얻어지는 것이라면 그 자체가 수행의 깊이를 보여주는 징표가 아니겠냐고 말했다. 신통력을 좇는 것을 마구니의 짓이라고 하며 그런 것을 추구하지 말라고 하는 것은 신통력을 이미 가진 사람이나 가질 만한 사람에게 하는 말이지, 아예 신통력 근처에도 가지 못한 우리 범부에게 할 말이 아니라고 본다. 신통력을 갖고 있지 않아 쓰지도 버리지도 못하는 우리 중생의 차원과 신통력이 있음에도 그것을 쓰지 않고 넘어서는 사람의 차원은 완전히 다르지 않겠는가? 나는 그런 신통력을 원한다고 말했다. 그러나 그것은 신통력을 쓰거나 이용하기 위해서가 아니라, 다만 우리의 마음이 일상 의식의 차원과 완전히 다른 힘을 가지고 있다는 것을 사실로 알고 확인하기 위해서일 뿐이라고. 그렇지 않는 한 나는 나를, 내 마음의 힘을 온전히 다 아는 것이 아니기에 갑갑하다고 했다.

"모르기에 그냥 갑갑~~~하다."

이건 수불스님이 우리에게 화두를 주실 때 하신 표현이다. 그냥 갑갑~~~하다. 무엇을 할 수 없어서가 아니라, 단지 모르기에, 나를 모르기에, 그것이 나를 말할 수 없이 갑갑하게 만든다. 예를 들어, 윤회가 단지 부처님의 가르침이기에 사실이라고 믿는 것은 내겐 흡족하지 않다. 나는 윤회를 믿는 것이 아니라 알고 싶은 것이다. 나는 천계, 색계,

무색계, 그리고 열반의 경지를 단지 믿는 것이 아니라 내 눈으로 확인하여 알고 싶다. 육안이 아니라 천안, 혜안 그리고 법안으로 똑바로 바라보고 싶다. 법신을 확인하고 싶고, 부처를 친견하고 싶다.

박찬욱 선생이 말했다.

"돈오와 구분해서 확철대오의 차원을 또다시 설정하는 것이 과연 본래 석가모니의 가르침일까요? 그것은 자신의 본성인 마음 자리를 봐놓고도 다시 또 무엇이 더 있을 거라고 기대하는 망상이 아닐까요?"

그런데도 온 우주와 인생의 진리를 통째로 아는 확철대오의 경지에 대한 동경을 내가 놓지 못함을 보고 성승연 선생은 웃으며 말했다.

"한 선생은 기준이 부처야."

맞다. 자신을 부처와 견주려 하는 것, 정말 자기 수준을 모르는 일이긴 하다. 남편은 이 7박 8일의 체험이 의미가 있기는 하지만, 그것을 무슨 대단한 깨달음이라고 생각하지는 않는다고 말했다. 그렇지. 우리가 갑자기 새롭게 알게 된 것이 무엇이 있단 말인가? 그냥 죽어라 답답해하다가 그 답답함이 사라지면서 마음의 평안을 찾은 것이 전부다. 그 체험의 의미가 무엇인지는 그 후 일상을 살아 나가면서 특정 상황에 부딪혀 자기 마음이 어떻게 달리 작용하는가를 살펴봄으로써만 알아차릴 수 있을 것이다. 그러니 미리 앉아서 이러니저러니 논하는 것이 무의미할 수 있다. 그런데 나는 과연 무엇을 답답해하고 있는가? 내일 수불스님에게 여쭤보자는 말이 나왔다. 그러나 무엇을 어떻게 물어야 한단 말인가? 나는 그저 답답할 뿐이었다. 이런저런 이야기를 새벽 2시쯤까지 하다가 흩어져서 방으로 돌아가 잠을 청했다.

왜 간화선인가

목요일 아침 공양을 마친 후 우리 다섯은 '일일삼사—日三寺'를 하자고 의기투합하고 함께 길을 떠났다. 먼저 해남 대흥사로 가서 차로 진불암까지 올라갔다. 올라가는 숲길은 제법 긴 길인데 나무도 울창하고 숲이 짙어 마치 '비밀 정원'으로 들어서는 느낌이었다. 공기도 시원하고 하늘도 청량했다. 내려오는 길에 문수암에 갔다가 다시 대흥사 주차장에 차를 세워놓고 대웅전에 들려 삼배했다. 얼마 전 이곳 대흥사 주지스님이 열반하셔서 미황사 금강스님이 가신 그곳이다. 대웅전 안 석존불상의 미소가 자애로웠다. 뜰에 나와 멀리 두륜산을 바라보니 거기 석가모니불이 와불의 자세로 누워 있었다.

전라도에서 먹는 음식은 언제나 맛있고 푸짐하다. 한정식 점심을 먹고 나서 우리는 강진으로 가 고산 윤선도의 체취가 배어 있는 녹우당을 찾았다. 녹우당은 고산이 임금님으로부터 하사받은 집을 서울에서부터 고향까지 배로 옮겨와서 그 자리에 다시 세워놓은 것이라고 한다. 그 집을 구경하고는 다시 숲속 길을 따라 최초의 인공조림 비자나무 숲을 보러 갔다. 나무 한 그루 한 그루의 멋도 있었지만, 이 나무 저 나무가 함께 어우러져 깊은 숲을 이룬 모습이 더 아름다웠다.

그리고 나서는 다산 정약용이 유배 와서 생활하던 본거지 다산초당으로 갔다. 차를 세워놓고 다산초당까지 올라가는 길에 정갈하게 조성된 흙길이 나오자 우리는 모두 신발을 벗고 맨발로 걷기도 했다. 한참 숲길을 따라 올라가니 다산초당이 나왔다. 초당 옆에는 운치 있게 천원지방으로 조성된 부용지가 있었고, 초당 앞에는 차 물 끓이는 '다조'와 시원한 약수가 나오는 '약천'이 있었다. 그리고 그 곁에는 다산이 책을 썼다는 '동암'이 있고, 위로 조금만 더 올라가면 새로 지은 것 같은 천일각이 있었다. 천일각 정자에 올라가 아래를 내려다보니, 저 멀리 호수처럼 보이는 바다가 수려하게 펼쳐졌다.

"와! 이건 유배지가 아니라 휴양지잖아!"

"나도 이런 곳에 살게 내버려두면, 연구도 열심히 하고 책도 많이 쓰겠다."

우린 그런 멋진 곳에 살 수 있다는 것을 부러워했다. 그런 곳이면 조용히 사색도 하고 책도 쓰고 마음 편하게 잘 살 수 있을 것 같았다. 초당에 앉아서 밥 먹고 차 마시고, 저녁달 아래서 막걸리 한 통 들고 이 천일각에 앉아 있으면 시가 절로 나올 것 같았다. 우리는 천일각에 앉아 그 풍광을 감상하다가, 아예 다리를 위로 뻗어 정자 난간에 걸치고 드러누워 천기와 지기와 공기 그 모든 것을 함께 즐겼다. 우리가 모두 같은 법복을 입고 고무신을 신고 다니면서 비슷한 자세로 누워 있는 것을 보면, 사람들이 이상하게 생각하지 않을까 싶기도 했다.

"아마 사람들은 우리를 보고 '다산수련법'인가 생각할지도 몰라요."

이렇게 말하면서 우리는 함께 웃었다. 다산은 백련사 스님과 가깝게 지냈다고 들었다. 천일각에서 맘껏 휴식을 취한 후 우리는 백련사로 향했다. 백련사는 통일신라시대부터 '백련결사'가 행해졌던 곳으로, 물론 절이기는 하지만, 그 이름이 흰 연꽃인 백련과 절 사寺가 아난 사직 사社 자로 되어 있다. 우리가 백련사에 도착했을 때 무슨 우연인지 인연인지 마침 그곳에 수불스님이 와 계셨다. 서울인가 부산인가 안국선원 신도들이 수불스님 지도하의 공부를 후원하기 위해 대거 내려왔다고 했다. 수불스님은 우리와 몇 장의 사진을 찍고, 그곳 스님에게 우리에게 저녁과 차를 대접해 주라고 당부하고는 떠나가셨다.

"난 저녁노을 보러 갑니다."

이렇게 말씀하시면서 미황사로 가셨는데, 미황사에서 아직 공부하는 사람들을 위해 저녁 법문을 하러 가시는 것을 그렇게 표현하시는 것 같았다. 덕분에 우리는 백련사에서 가장 전망 좋은 방에 앉아 차를 마실 수 있었다. 차를 마시러 방에 들어가 앉는 순간 감탄이 절로 나왔다. 산마다 좋은 자리를 절이 차지하고 있다는 것을 알고는 있었지만, 직접 내 눈으로 보고 나니, 부러움이 절로 나왔다. 산 좋고 바다 좋고, 물 좋고 공기 좋고, 그런 곳에 있으면 마음공부가 저절로 될 것 같았다. 우리는 그곳에서 재배하여 만든 '자하'라는 이름의 반발효차를 마시며 아름다운 경치를 감상했다. 팽주는 박찬욱 선생이 해주었고, 차를 마시다 다 같이 박성현 선생이 공부를 무사히 마치기를 염원하며 잠시 눈을 감고 함께 기도하기도 했다. 잠시 앉아 차 한 잔 마셨다고 생각했는데, 어느새 한 시간이 지나가 있었다.

이미 시간이 좀 늦긴 했지만, 우리는 일일삼사를 달성하기 위해 무위사로 떠났다. 가는 도중 해가 져서 어둑어둑 땅거미가 지기 시작했고, 무위사에 도착하고 보니 이미 어두워져 절 모습조차 알아보기가 힘들었다. 대웅전을 포함한 절 건물들은 우리가 차에서 내린 일주문에서 멀지 않았다. 우리는 대웅전 앞까지 걸어가 어둠 속의 절을 이리저리 둘러보고 나왔다. 전설이 담긴 국보급 탱화가 있는데도, 어두워 제대로 볼 수 없는 것이 못내 아쉬웠다.

미황사로 돌아온 것은 저녁 9시쯤이었다. 공부하러 와서 실컷 관광이나 하고 다니니 좀 미안한 마음이 들기도 했지만, 공부 후 수불스님이 자유롭게 즐기라고 말씀하셨으니, 우리는 말 잘 듣는 학생이었을 뿐이다. 그렇지만 아직 공부를 마치지 못한 박성현 선생을 혼자 놓고 나간 것만은 매우 미안했다. 돌아오는 길엔 어찌 되었는지가 무척 걱정되고 또 궁금했다. 미황사 마당에 들어서는데, 마침 박성현 선생과 마주쳤다. 얼굴을 보는 순간, '아, 해냈구나' 싶었다. 싱글벙글, 행복한 표정으로 박성현 선생이 말했다.

"해냈어요."

우리는 모두 매우 기뻐하면서 그 과정을 물었다.

"12시쯤 해냈어요. 그러고 나서 밖에 나와서 선생님들을 찾았는데 아무도 안 보여서, 혼자 절 뒤 달마산에도 다녀오고, 방에서 노트북에다 경험을 기록해 놓았어요."

우리는 그 밤에 다시 식당에 불을 켜달라고 부탁하고 여섯이 모여 앉았다. 박성현 선생은 아예 노트북을 들고 와 옆에 놓고 이야기를 시작했다. 박성현 선생은 세 번째이기는 하지만, 한 번도 7박 8일을 처음부터 끝까지 제대로 한 적이 없었다. 처음은 작년 여름에 부산 안국선원에서 미산 스님과 김종욱 선생 등 몇 명과 함께했는데, 중간에 다른 일이 생겨서 며칠간 밖에 나가 일을 봐야 했고, 두 번째는 작년 겨울에 다시 부산 안국선원에서 했지만, 3박 4일 정도 하고는 학교 일로 먼저 서울에 가야 했다. 이번에도 학교 일 때문에 이틀 정도 지나고 나서 미황사로 내려온 것이었다. 어쨌거나 개인 차원에서뿐 아니라 간화선연구소에서의 연구를 위해서도 박성현 선생이 화두타파를 직접 체험하는 것은 꼭 필요한 일이었다.

박성현 선생은 학교 일을 마치고 내려왔기에 도착하고 나서 다음 날까지도 너무 피곤해서 계속 졸았다고 한다. 이번엔 무슨 일이 있어도 끝을 보리라 마음먹고 왔지만, 뺨을 여러 번 때려봤는데도 잠을 쫓아낼 수 없었고, 결국 컨

디션 조절을 위해 처음에는 잠만 잤다고 한다. 그리고 나서 앉아 있는데, 앞에 온갖 상이 수시로 모습을 바꿔가면서 너무도 또렷한 형태로 끊임없이 나타나더란다. 사람 모습이기도 하고, 동물 모습이기도 하고. 그런데도 죽어라 집중하다 보니 한두 시간 제정신 아닌 상태로 멍하니 있다가, 문득 화두가 무엇이더라 묻기도 하고, 또 언제는 그렇게 물으니까 불쑥 수불스님이 나타나서 "내가 휴대폰으로 문자 넣어줄게" 하시더란다. 그리고 나서는 어느 순간부터 그 변화하던 상들이 바둑판 위를 움직이는 바둑돌들로 바뀌었단다. 여기에서 우리는 크게 웃었다. 박성현 선생이 본래 바둑을 잘 둔다. 마음이 복잡하고 괴로울 때, 온갖 참을 수 없는 감정들이 밀려올 때, 그 감정들을 피해 자신을 가라앉히는 수단이 바둑이었을 수도 있다. 그러다가 어찌 되었더라? 박성현 선생이 자신의 경험을 말로 하기도 하고, 어떤 때는 이미 써놓은 글을 읽어주기도 했는데, 그가 자기 생각을 굉장히 문학적으로 표현한다고 느꼈다. 진지하면서도 문학적인 문장을 구사하는 사람을 보면, 내 마음도 덩달아 포근해진다. 바둑돌의 움직임이 한참 진행되던 어느 순간, 마음속 깊은 곳에서 무엇인가가 느껴지면서 확실한 느낌이 왔단다. '아, 이것이구나! 내가 찾던 것이 바로 이것이

구나!'

"너를 알고 싶냐?"

그것이 묻기에 온몸을 들썩거리면서 크게 대답했단다.

"네!"

그런데 그것이 다시 아련한 그리움만 남기고 떠나려 하여 외쳤단다.

"내가 가진 것, 내가 할 수 있는 것은 이것밖에 없어요. 이게 다예요. 하지만 가지 마세요! 가지 마세요!"

이렇게 애원했단다. 이것이 우리 모두의 간절한 애원이 아닐까? 그리고 어떻게 되었다고 했나? 기억이 잘 나지 않는다. 애절하게 본심을 말하고 나서, 크게 울었다고 한 것 같다. 그래, 우리가 할 수 있는 것이 무엇이 있겠는가? 무엇인지 모르는 이 삶을 서글퍼하고 애통해하며 한숨짓고 눈물짓는 것 외에 우리가 무엇을 할 수 있단 말인가?

우리 여섯은 이런 체험이 갖는 의미가 무엇일까, 또 각자마다 서로 다른 체험을 하게 되는 이유는 무엇일까를 물었다. 물론 업에 따라 다 다르다고 하겠지만, 그것은 너무 포괄적이다. 화두를 들 때 왜 어떤 이에게는 상이 떠오르고, 어떤 이에게는 상이 떠오르지 않는 걸까? 왜 누구는 소리 내어 웃고, 누구는 소리 내어 우는가? 누구는 심하게 진동하고, 누구는 조용히 자신을 알아보게 되는가? 누구는 칠흑 같은 어둠에 빠져들고, 누구는 환한 빛과 마주하게 되는가? 주로 웃던 사람이 크게 웃는 걸까? 아니면 반대로 웃음을 깊이 감춰둔 사람이 눌러놨던 웃음을 터뜨리는 걸까? 본성 내지 마음 자리는 모든 인간이 다 똑같을 텐데, 그러면 견성의 순간 모두 같은 것을 보고 같은 것을 느껴야 할 텐데, 왜 그 순간의 반응은 천차만별일까? 궁극적으로 바라보는 본성은 같지만, 그것을 가리고 있던 업장이 다르기에 그렇게 반응하는 것이라면, 우리의 체험은 사실 견성이 아니라 업장과의 접촉에 지나지 않는 것은 아닐까? 우리가 실제로 본성을 본 것일까? 이 체험에 대해 심리학적 연구가 밝혀낼 수 있는 깊이는 과연 어디까지일까? 정신분석학에서도 의식에 드러나 있지 않던 무의식의 어떤 것을 자유연상법을 통해 의식으로 불러내서 병적 증상을 치유하기도 한다. 그것과 화두 공부는 어떻게 다른가?

그렇다. 정신분석학에서의 자유연상법은 무의식에 억압된 것들을 내용적으로 찾아 들어가, 한 내용에서 다른 내용으로 옮겨 가면서, 결국 무의식에서 마음의 병인으로 작용하는 것을 찾아내어 그 정체를 폭로함으로써 그것을 해체한다. 위빠사나 수행도 이와 비슷하게 우리 일상 의식에 잘 포착되지 않는 것들을 세심하게 주목하고 주시하여, 결국 그것의 힘으로부터 자유로워지고자 하는 것이다. 비유하자면 이렇다. 우리 마음은 커다란 그릇과 같은데, 그 안에 크고 작은 돌멩이, 업장이 가득 들어 있다. 마음 바탕, 마음의 본래 자리는 그릇 바닥인데, 우리 일상 의식은 그릇 표면에서 출발한다. 표면에 붙은 눈은 그릇 안에 들어 있는 돌멩이들로 인해 그 바닥을 보지 못한다. 마음을 어둡고 괴롭고 부자유롭게 만드는 것은 그릇 안의 돌멩이들이다. 그러므로 기존의 심리치료법 또는 수행법은 대개 마음속의 돌멩이들에 주목한다. 마음을 가리는 무의식적 내용에 주목하는 것이다. 돌멩이를 주시하여 그 정체를 파악하게 되면, 돌멩이는 힘없이 녹아버린다. 더 이상 마음을 괴롭히는 장애가 되지 않는 것이다. 그러나 영겁의 세월을 거쳐 우리 마음을 가득 메운 그 번뇌 덩어리들을 하나하나 모두 녹여 없애 그 돌멩이가 모두 사라진 이후에나 비로소 마음 바닥을 바라볼 수 있는 것이라면, 우리가 어느 세월에 그 일을 마칠 수 있겠는가? 하나의 번뇌 덩어리, 하나의 트라우마와 싸워 이기는 데만도 수년이 걸릴 수 있다. 하나의 돌멩이가 치워지면 그다음 돌멩이가 드러날 것이다. 그리고 다시 그 돌멩이를 통과하고 나면, 또 그 아래에 있던 돌멩이가 드러날 것이다. 그렇게 끊임없이 마음을 가리는 장애와 망념이 일어날 텐데, 거기에 과연 끝이 있겠는가? 언제 마음 바닥에 이를 수 있겠는가?

간화선도 마음을 가리는 장애에서 벗어나 마음 바닥으로 내려가고자 하지만, 마음의 내용, 돌멩이에 주목하는 방식을 취하지 않는다. 어느 내용, 어느 망념에도 매달리지 않고 그 모든 것을 그냥 통과한다. 오로지 화두에만 집중한다는 것은 곧 일체 내용으로부터 미끄러져 내용 없는 빈 공간을 타고 내려간다는 것을 뜻한다. 그러하기에 그 방법은 내용을 따르는 다른 일체의 방법과 비교될 수 없을 만큼 빠르고 간단하다. 내용 분석을 위한 전문 지식도 요구되지 않으므로 전문의에 기댈 필요도 없다. 누구나 각자 자기 스스로 할 수 있다. 어느 내용에도, 어느 돌멩이에도 머물러 있지 않고, 그저 갑갑함을 유지하기만 하면 된다. 계속 갑갑해하고 궁금해한다는 것은 특정 내용에 머무르지 않고 자꾸 빈 곳을 찾아 마음 바닥으로 내려간다는 것이다. 손가락을 움직이는 자는 누구인가? 그것은 나다. 그릇 표면의 일상 의식의 나가 아니라, 그릇 바닥의 나, 마음 본래 자리의 나다. 궁금해하고 갑갑해하는 자, 화두에 걸려든 자가 바로 그 나인 것이다. 그러니까 그 물음을 던지고 있는 한, 그 답을 찾는 한, 나는 바닥으로 내려가게 되어 있다. 조심해야 할 것은 그 중간에 어느 돌멩이에도 걸려들지 않는 것이다. 내려가면서 마주치게 되는 돌멩이들은 그 자신이 지은 업들이다. 거기에 휩쓸리다 보면 간화선 공부는 진척되지 않는다. 그것은 돌멩이에 낚여버리는 것이다. 그러므로 공부할때 수불스님이 계속 강조하신 것이 바로 망상을 없애려 하거나 망상과 싸우지 말라는 것이다. 공부는 망상이 끝난 자리에서 시작하는 것이 아니라, 망상이 있거나 없거나 상관하지 않고 그저 갑갑함에만 집중하면서 그 망상 사이를 타고 내려가는 과정이다. 망상은 상관 말고 그저 화두의 답을찾는 것에만 몰두하라는 것. 그건 마치 장애물 경기를 하는것과 같다. 망상, 돌멩이들은 마음 바닥에 이르는 것을 막고 있는 장애물들이다. 마음 바닥에 이르는 그 마지막 순간까지 장애물은 가득 놓여 있다. 그것을 통과해 지나가는 것이 공부다. 부지런히 장애물을 뛰어넘으면서 앞으로 나아가는 것이 중요하다. 장애물 경기에서 내가 끝까지 주목해야 하는 것은 장애물 자체가 아니라 장애물이 없는 빈자리인 것이다. 그렇게 물이 돌멩이를 타고 흘러내려 그릇 바닥에 이르듯, 그렇게 장애물들을 통과하여 마음 바닥에 이르게 되는 것이 바로 마음의 본래 자리를 확인하는 것, 견성,

돈오에 해당할 것이다.

마음의 본래 자리, 마음 바닥에 이른다는 것은 곧 자신의 눈을 더 이상 마음 표면에 두지 않고 마음 바닥에 둔다는 것이다. 자신의 업장에 따라 훈습에 따라 사려분별하는 자타분별적인 제6의식의 방식으로 눈뜨지 않고, 업장의 힘과 훈습의 힘과 사려분별을 넘어서는 만물일체적 일심의 방식으로 눈을 뜨는 것이다. 마음 표면의 눈으로 세계를 보지 않고, 마음 심층으로 내려가 마음 바닥의 눈으로 세계를 보는 것이다. 마음 심층의 눈으로 보면 표면에서 성립하는 자타분별, 주객분별은 허망분별이고 망상일 뿐이다. 마음 표면에서 출발하여 장애물로부터 미끄러져 빈 곳을 타고 내려가 마음 바닥에 이르는 순간, 마음에서는 한 찰나에 결정적인 전환이 일어난다. 이끼는 비닥이 내가 보고자 하고 알고자 하는 대상이었지만, 그 바닥에 이르면 바로 그 순간 그것이 바로 내가 된다. 또는 내가 바로 그것이 된다. 그 자리에서는 더 이상 자타분별이 성립하지 않는다. 그것은 더 이상 타자가 아니라 바로 나다. 그리고 그 자리에서 내가 그것이 되는 순간, 나는 내가 본래부터 언제나 그 자리에 있었다는 것을 알게 된다. 내가 처음부터 본래 마음 바닥에서 일체를 바라보고 있었다는 것을 알게 된다. 내 눈은 처음부터 바닥에 있었는데, 나는 나를 그렇게 보고 있는 눈으로 의식하지 않고, 오히려 그 눈에 의해 보여진 나, 보여진 표층 세계 속의 나로 여겨온 것이다. 그러니까 늘 내가 나를 모른다는 생각, 허전한 느낌을 멈출 수 없었던 것이다.

이쯤 하고 나면 나는 다시 철학으로 돌아와 있다. 어쨌거나 마음 바닥으로 돌아가 그 자리에서 나를 발견하는 간화선 공부 방식은 기존의 심리치료 방식과는 다르다. 이렇게 쉽고 간단하고 빠르게 일체의 장애로부터 자유로워지는 방식을 기존의 서양 심리학자들은 왜 발견하지 못했을까? 그들은 왜 장애의 내용에 매달려 한 내용으로 다른 내용을 극복함으로써만 자유로워지고자 했을까? 어떻게 간화선은 그 모든 내용을 옆으로 치워놓고 그 장애물들을 타고 빈 곳으로 미끄러져 바닥으로 흘러내림으로써 일체의 장애를 한 번에 초탈하는 그런 기발한 방법을 개발할 수 있었을까?

나는 그 근본 원인을 인간의 마음을 이해하는 방식의 차이에서 찾는다. 서양인에게 인간의 마음은 내용으로 채워져야 할 어떤 것이다. 마음의 핵심은 마음을 채우는 내용이지 그 이상이 아니다. 마음의 장애도 내용에서 오고, 그 장애의 극복도 내용을 치유함으로써만 가능하다. 반면 동양인 특히 불교에서 인간의 마음은 일체 내용을 넘어서는 신령한 힘이다. 마음은 본래 빈 것이며, 일체 우주 만물을 포괄하는 공이면서도, 단지 추상적인 빈 공간이 아니라 스스로에 대한 자각을 가지는 공, 신령한 영지의 존재다. 비어 적막하되 스스로를 신령하게 아는 것이 마음이다. 공적영지空寂靈知, 성자신해性自神解다. 마음 본래의 공성을 자각하는 순간이 바로 일체의 장애를 타고 내려와 마음 바닥에 이르는 순간이고, 자신을 마음 바닥으로 자각하여 아는 순간이며, 그렇게 함으로써 그 바닥을 가리는 일체의 장애로부터 자유로워지는 순간이다.

그렇다면 마음의 본래 적정에 이르는 무심법의 수행과 간화선의 방법은 무엇이 다른가? 무심법은 장애를 건드리며 지나가는 방식을 취하지 않고 단지 머리로써 마음 바닥으로 내려오고, 간화선은 머리 아닌 가슴으로 마음을 채우는 온갖 장애를 하나씩 건드리며 내려온다는 것이 다르다. 마치 10층에서 1층으로 내려오되 각층에 닿지 않고 엘리베이터를 타고 단번에 내려오는 것이 무심법 내지 묵조선의 방법이라면, 10층에서 1층까지 그 사이에 놓여 있는 모든 장애와 부딪혀가면서 땀을 흘리고 걸어 내려오는 것이 간화선의 방법이라고 할 수 있을 것 같다.

그러나 마음을 어찌 그릇 바닥에 비유할 수 있겠는가?

마음은 본래 바닥이 없다. 그렇게 바닥없는 심연이기에 일체의 것이 그 마음 안에 담긴다. 그러니 마음 바닥을 본다는 것은 결국 공을 보는 것이고, 자신을 한계가 없는 무한, 상대가 없는 절대로 자각하는 것이다. 그러나 한계가 없는 것, 상대가 없는 것을 우리가 어찌 알 수 있겠는가? 언제나 물속에 살아 물 밖에 나와본 적이 없는 물고기가 어찌 물을 알 수 있겠는가? 그러나 안다. 우리는 무한을 몰라도 무한은 무한을 안다. 물고기는 물을 몰라도 물은 물을 안다. 그 무한이 바로 우리 자신이다. 물고기의 생명은 바로 물이다. 물고기가 곧 물인 것이다. 그렇게 우리 자신이 곧 무한이고 절대인 것이다. 자신을 일체의 한계를 넘어선 무한과 절대의 마음으로 자각하는 것, 공적영지의 일심으로 자각하는 것, 그것이 바로 확철대오가 아니겠는가?

이렇게 생각하면 나는 확철대오가 무엇인지를 이미 알고 있는 것 같다. 그러나 그것은 단지 머리로 아는 것일 뿐이다. 나는 확철대오가 무엇인지를 아는 것이지, 실제로 확철대오를 온몸으로 체득한 것이 아니다. 그것을 실제로 체득하기 위해 나는 무엇을 해야 하는 걸까? 이것이 늘 나를 답답하게 만드는 나의 화두다.

간화선 공부법에 대한 이런저런 생각들이 복잡하게 머리

를 오고 갔던 것 같다. 그리고 그날 그 자리에서 내 머리를 가득 채운 마지막 질문은 바로 그것이었다. 나는 왜 확철대오하여 우주와 하나가 되지 못할까? 나는 왜 타인과 하나라는 것을 머리로만 이해하고 실제 인간관계에서는 늘 분리와 벽을 느끼고 사는 걸까? 왜 우리가 하나라는 것, 만물이 일체라는 것을 가슴으로 실감하며 살지 못하는가?

성불의 꿈

우리 여섯이 식당에서 함께 이야기한 것은 새벽 1시쯤까지였다. 다른 사람들은 다 잠자러 가고, 성승연 선생과 나는 대웅전 앞뜰을 거닐면서 여러 이야기를 계속 이어나갔다. 그때는 주로 내가 내담자가 되고, 성승연 선생이 상담자가 되었다. 나는 나에 관해 많은 이야기를 했다. 내 마음속에 무엇이 답답함으로 남아 있는지에 관해 주로 이야기했다. 이야기하던 도중 나 스스로에게 물었다. 나의 폐쇄적 성격이 나로 하여금 우주와 나를 하나로 이해하는 관념론 내지 유심론 철학을 하게 한 것일까, 아니면 내가 관념론 내지 유심론에 빠져 있기에 내 성격이 더욱더 폐쇄적으로 된 것일까? 이야기하던 중간중간 성승연 선생이 물었다.

"그래서 뭐가 문젠데요?"

"문제는 없어요. 그냥 갑갑한 거예요. 모르기 때문에, 알고 싶은 것을 알지 못하기 때문에 갑갑~~~한 거죠."

우리는 소리 내어 웃었다. 수불스님 특유의 억양을 흉내 내어 말하면 그냥 가슴이 따라서 갑갑해진다. 그 갑갑함을 어떻게 털어낼 수 있을까? 인생과 우주의 진리, 생명의 신비, 나의 과거와 미래의 모든 것, 이 전체를 어떻게 훤히 알 수 있을까? 어떻게 확철대오, 활연관통에 이를 수 있을까?

벌써 사람들이 샤워하러 나오는 새벽 4시가 되었다. 한 30분 정도 이야기한 줄 알았는데, 3시간을 이야기한 것이다. 나는 늘 내가 다른 사람과 잘 소통하지 못한다는 것을 괴로워했는데, 그날만큼은 마음이 편했다. 나는 그 새벽에 문득 문득 그러한 나의 변화를 느끼고 있었나. 이 또한 안국선원에서의 7박 8일 그리고 미황사에서 며칠간 한 공부의 결과로 생겨난 변화가 아닐까?

우리는 샤워를 마치고 나서 머리를 말리면서 또다시 이야기를 시작했다. 한참 이야기하다가 샤워장 밖을 보니 벌써 날이 훤히 밝았고, 시계를 보니 6시가 다 되어 있었다. 우리는 그렇게 밤을 꼬박 새웠다.

공양 시간이 되기까지 대웅전 앞뜰을 걸으려고 하고 있

는데, 멀리 수불스님과 은암거사가 함께 계신 것이 보였다. 어찌해야 확철대오에 이르러 만인과 자유롭게 소통할 수 있는 삶을 살 수 있겠느냐고, 앞으로 나는 어찌 살아야 하냐고 밤새 나의 갑갑함을 털어놓았던 후라, 성승연 선생은 수불스님에게 가서 여쭤보자고 했다. 나는 무엇을 어찌 여쭤야 할지 막막했지만, 성승연 선생이 대신 물어줄 거라 생각하며 따라나섰다. 수불스님 앞에 가더니 성승연 선생이 말했다.

"한 선생이 질문이 있다는데요."

나는 가슴이 뛰고 말문이 막혔다. 그렇게 말을 못 꺼내고 몇 분의 침묵이 지나자, 수불스님이 나의 떨림을 보셨는지 말씀하셨다.

"우리 달마산을 보면서 이야기하자."

그러고 나서 내 옆으로 서시니, 나는 스님과 마주 보지 않고 거의 나란히 서게 되었다. 마음을 가라앉히고 내가 물었다.

"이곳에서의 공부가 마음 자리, 자기 본성을 단지 머리로 이해하는 것이 아니라 직접 바라보는 견성이고 돈오의 과정이라면, 그 이상으로 부처님이 말씀하신 모든 것, 불교에서 말하는 일체 진리, 예를 들어 윤회라든가 전생이라든가

색계 무색계 등을 단지 머리로 이해하는 것이 아니라 직접 보고자 하면 어떻게 해야 합니까?”

“윤회는 우리가 지금 보고 있잖아.”

“아니요. 불교에서 윤회를 논한다고 이해하는 것이지, 그것을 직접 보는 것은 아니지요.”

“그것을 믿는 것이지.”

“믿는 것이지, 아는 것은 아니지요. 저는 단지 믿는 것이 아니라, 확연히 알고 싶은데요.”

“그건 알 수 없다.”

이렇게 단순하게 말씀하시지는 않았을 것이다. 그냥 내게 그렇게 들렸다. 그 말씀을 듣는 순간 나는 갑자기 눈물이 쏟아졌다. 알 수 없다. 마지막 진리는 결국 알 수 없다! 그것이 너무 슬퍼서 가슴이 확 믹혔다. 이 말씀이 모든 인간이 다 알 수 없다는 말은 아닐 것이다. 너무 앎에 집착하지 말라고 지금 내 수준에 맞는 방편설일 수도 있을 것이다. 그렇다면 그건 내 근기가 그렇다는 말 아닌가? 스님이 말씀하셨다.

“그것을 왜 알려고 해? 그렇게 믿고 살아가면 되지.”

“저는 학교에서 강의해야 하는데 단지 머리로 이해할 뿐 실제로 아는 것이 아니라면, 차라리 말하지 말아야 하는 것 아닐까요?"

"아는 것은 안다고 하고, 알지 못하는 것은 경전에 그렇게 쓰여 있고 불교에서 그렇게 가르친다고 말하면 되지 않는가? 그러면 그 말을 들은 사람은 또 자기대로 생각하고 알아 나갈 것이 아닌가?"

아, 그럼 그건 수행이 아니라 공부하는 자로서 갖는 한계란 말인가? 다시 여쭤보았다.

"그러면 정말로 알고자 하면, 이런 삶의 방식을 떠나 아예 출가해서 수행해야 하는 것인가요? 그렇게 하면 더 잘 알게 될까요?"

이렇게 묻고 대답을 듣는 동안 나는 계속 눈물을 흘리고 있었다. 이런 방식으로 삶을 살고 있는 나 자신이 서럽고 원망스럽고 슬펐다. 마음이 복받쳐 우느라 스님 말씀을 다 제대로 듣지 못했다. 다만 이런 말씀은 기억에 남아 있다.

"지금까지의 삶을 버리고 출가한다고 해서 만족스럽게 되리라는 법은 없어요. 후회감이 찾아올 수도 있고, 또 승려라고 해서 다 깨달음에 이르는 것도 아니지. 물론 어려서 출가해서 계속 공부하면 가장 잘 알 수 있을지도 모르고. 그러나 그러면 일반 사람들의 번뇌를 몰라. 누구나 자기 자리에서 할 수 있는 일이 있는 거지. 불교 이론을 연구하고 가르쳐서 남에게 이로움을 줄 수 있는 것이 있지 않겠는가?"

수불스님이 하신 말씀을 내가 다 제대로 알아들었는지, 아니면 또 내 식으로 각색해서 들었는지 알 수 없다. 다만 이야기하는 동안 마음속의 갑갑함을 스님에게 털어놓고 그 답변을 들을 수 있다는 것이 좋았다. 우느라 제대로 정신 차리고 듣지 못했지만 답변해주시는 스님의 표정과 말투에서 많은 자애로움을 느꼈다. 분명 내가 아니라 스님이 나보다 나를 더 잘 아는 사람일 거라는 생각이 들었다. 내가 어디까지 와 있는지, 내 갑갑함이 언제 어떻게 풀어질 수 있을지, 스님이 그 길을 먼저 가셨기에 나보다 나를 더 잘 아실 것 같았다.

이야기를 마치고 돌아서는데, 은암거사님이 나중에 시간이 되면 한번 성승연 선생과 함께 당신을 만나러 오라고 하셨다. 그러겠다고 하고 아침 공양을 하러 갔다. 아침 공양을 마치고 다시 은암거사를 만났다. 은암거사님이 자신의 공부 과정에 관해 이야기를 들려주시면서 앞으로 마음을 비우고 계속 법문을 들으면서 생활해 나가라고 격려해주셨다. 그리고 마지막으로 내게 두 가지를 당부하셨다. 하나는 사람과 이야기할 때 옆으로 흘겨보듯 쳐다보지 말고 똑바로 눈을 바라보고 이야기할 것, 다른 하나는 상대의 말을 경청할 때 배척하는 듯한 표정을 하지 말고 수용적인 자세로 들으라는 것이었다. 그 말씀을 듣는 순간 나는 가슴이 철렁했다. 그 두 가지는 내가 선생으로서 지내면서 가장 마음에 안 드는 학생의 태도로 꼽는 것이었다. 내게 그런 모습이 있었단 말인가? 나만 그걸 모르고 있었단 말인가? 내가 나를 알 수 있도록 그런 이야기를 직접 해주시는 것이 무척 감사했다.

"그런 이야기를 해주셔서 감사합니다."

그리고 성승연 선생과 함께 돌아가면서 물었다.

"내가 정말로 수불스님을 곁눈질하듯 바라보면서 배척하는 듯한 표정으로 이야기했나요?"

"나는 한 선생의 얼굴에서 얼마나 답답해하고 슬퍼하는가를 보았지만, 그 상황을 모르는 다른 사람이 보면 그렇게 볼 수도 있었을 것 같아요."

'그렇구나. 내가 내 의도와 전혀 상관없이 이런저런 모습으로 보일 수 있구나' 생각하니 마음이 몹시 씁쓸하고 침통했다.

금요일은 미황사에 묵으면서 남해를 돌아다닐 수 있는 마지막 날이었다. 그날 크리스티나 선생은 일찍 서울로 돌아가고, 우리는 다시 새롭게 한 팀을 짰다. 성승연, 박찬욱, 박성현 선생, 그리고 남편과 나, 이렇게 다섯이었다. 일단 배에 차를 싣고 노하도로 가서 다시 보길도로 이동해 고산 윤선도의 귀양지인 세연정으로 가기로 했다.

배를 타러 차로 가는 도중, 나는 또 심하게 멀미가 났다. 내가 힘들어하자, 성승연 선생이 다시 내 손을 지압해주면서 걱정하는 사람들에게 말했다.

"한 선생은 체한 게 아니라 마음이 불편해서 이런 거예요."

그 말을 듣고는 마치 허락이라도 받은 듯 나는 또 펑펑 울었다. 나는 '이렇게 세상살이가 어렵구나. 나는 수불스님을 나의 선지식으로 생각하며 나를 이끌어주시리라 믿고 무척 존경하고 의지하는데, 다른 사람에게 비친 나의 모습은 기껏 시건방진 표정으로 흘겨보는 그런 꼴이구나! 내겐 타인과 의사소통할 수 있는 기술이 정말 하나도 없구나. 나를 가로막는 장벽이 너무나 높구나. 그래, 그게 나의 오래된 문제지. 나는 아마 죽을 때까지 그 장벽을 넘지 못하고 살다 가겠구나. 그게 나의 한계이구나' 이런 생각을 하며 울었다. 차 속에서 펑펑 우는 사이 그대로 배에 올라탔고, 함께 차에서 내려 선실로 들어갔다. 그런데 이상하게도 우리 팀 사람들에는 내 생각과 느낌을 말하는 것이 하나도 어렵지 않았다. 나는 울면서 눈물을 훔쳐가면서 내가 어떤 느낌이고 어떤 생각인지를 그냥 다 털어놓았다. 시작하기 전, 누군가 농담처럼 말했다.

"자, 이제 한 선생 집단 상담 들어갑니다."

그리고 정말 그런 식으로 나는 집단 상담을 받았다. 은암 거사님의 경우, 내가 그 자리에서 뭘 묻고 어떤 심리상태에 있었는지를 모르시기 때문에 그렇게 볼 수도 있겠지만, 내가 본래 그런 인간으로 보이지는 않는다고 했다. 물론 은암거사님의 수불스님에 대한 존경심이 아주 깊고 크기 때문에 내 모습이 거기에 미치지 못하는 것으로 보여 나를 잘 이끌어주려는 마음에서 그렇게 말씀하신 걸 수 있는데, 그것으로 내가 속상해할 필요는 없다고도 말했다. 타인과의 관계를 제대로 해내지 못해서 괴로워하는 것에 관해서는 남편이 말했다.

"당신이 남들과 편안하게 잘 지내기를 원하며 자신을 개발해왔다면, 아마 당신이 원하는 만큼의 철학 공부를 다 해내지 못했을 거예요. 그건 본인이 선택한 것 아니에요? 철학 공부에 주력하면서 혼자 몰두하여 연구하며 살아와 놓고, 이제 와서 남들과 잘 소통하지 못한다고 울면, 그건 너무 욕심부리는 것 아니에요? 그 방향으로 노력한 적이 없으면서 거저 갖기를 원하니 도둑놈 심보 아닌가요?"

남편은 이런 나를 있는 그대로 알고 받아들인다고 했다. 소통의 어려움이 있다고 한들 나의 본심에 문제가 없으면, 남이 나를 어떻게 보든 그게 무슨 문제 될 바가 있냐는 것. 그 말을 듣자, 마음이 한결 편해졌다. 남편과 이 정도의 이해와 신뢰가 있다면, 소통을 잘한 것 아닌가? 내가 그렇게까지 꽉 막힌 사람은 아니지 않은가? 그러면서 물었다.

"수불스님도 은암거사님처럼 나를 그런 인간으로 보면 어떡하죠?"

모두 수불스님이 나의 본심을 모르실 리가 없다고 말해주었다. 우리 드림팀이 나를 이렇게 잘 이해해주니, 더 이상 눈물을 흘릴 이유가 없었다. 나는 곧 기분이 나아졌다.

보길도로 가서 부용동의 세연정에 갔다. 퍽이나 자연스럽게 연못과 정자가 있고, 그 곁에 오래된 적송이 그늘을 드리운 한국식 정원이었다. 동백나무 숲이 우거져 그 아래 앉아 술이라도 한잔하면 딱 좋을 넓은 그늘 자리가 펼쳐진 곳도 있었다. 우리는 점심을 먹고 한가로운 오후의 햇살 속에서 보길도의 아름다운 해안길을 따라 망끝전망대로 천천히 드라이브했다. 그리고 예송리 해수욕장의 검은색 자갈

해변을 바라보고는 다시 배를 타고 완도로 갔다.

완도에서 명사십리 해수욕장으로 가서 모두 신발을 벗고 바지를 걷어올리고 부드러운 모래 해변을 걸었다. 바닷물은 맑고 깨끗하여 밀려오는 살아 있는 물고기들을 쉽게 찾아볼 수가 있었다. 파도치는 바닷물이 맨다리를 시원하고 부드럽게 스치며 부서지기를 반복했다. 우리는 그렇게 그곳에서 여름휴가 기분까지 만끽했다. 우리는 다시 해남으로 들어와 곧장 미황사로 돌아와서 저녁 공양을 했다.

저녁 공양 후 노을을 가득 품는다는 '만하당' 앞에 서서 석양을 바라보았다. 해가 점점 바다에 가까이 다가올수록 그 투명한 빛이 더 밝아지고 선명해지는 모습이 황홀했다. 어느 순간에는 해가 하늘에 하나, 바다에 하나, 그렇게 둘이 되어 이글거리기도 하고, 어느 순간에는 보랏빛이었다가 다시 붉은빛으로 수시로 변화하면서 1시간가량 장관을 연출했다. 하루 종일 자신의 모든 것을 다 내주고 자신을 완전히 비워 유리알처럼 맑아져서 돌아간다고, 회장보살님이 태양 예찬론을 펴셨다. 우리 인생이 닮아야 할 모습이 바로 저것이 아니겠는가? 중간에 수불스님과 미산스님도 오셨다. 수불스님은 여러 스님과 사진을 찍으신 후 우리를 보고 말씀하셨다.

"교수 부부, 이리 와서 함께 찍지."

나는 설레는 마음으로 다가가 스님 곁에 서서 사진을 찍었다. 미산스님이 다른 사람과 사진 찍으시는 것을 보고는 과감하게 다가갔다.

"저랑도 한 장 찍어주세요."

그렇게 둘이서 한 장 찍었다. 그곳에 은암거사님도 오셨는데, 나는 스스럼없이 밝게 웃으며 인사드릴 수 있었다.

그날 저녁 공부를 마친 사람들이 모두 모여서 미황사에서의 7박 8일 공부를 정리하는 마지막 차담 시간을 가졌다. 차담은 미산스님이 주도하셨고, 여느 때와 같이 외국인을 위해 혜민스님이 통역을 담당하셨다. 그 자유자재한 통역을 듣고 있자니 불교 수행뿐 아니라 세간 학문 세계에까지 자신의 무한한 능력을 미음껏 펼쳐나길 영민한 자에 대한 부러움이 느껴졌다. 그러니까 미산스님과 수불스님의 총애를 받으시겠지. 나 같은 '안영민'은 그저 부러운 눈으로 바라보고 있을 수밖에. 그리고 그동안 대흥사 큰스님의 입적 때문에 며칠 무리하셔서 며칠간 입원하셨다 퇴원하시고 돌아오신 금강스님도 오셔서 미황사 주인으로서 우리를 챙겨주지 못한 것에 대한 미안한 마음을 거듭 표현하셨다. 땅끝 마을 아름다운 절 미황사를 이토록 보기 좋게 가꾸시고 중

생을 위해 '참사람의 향기'라는 화두 공부 과정을 이끌어가
시는 금강스님 또한 존경스럽다고 새삼 느꼈다. 한국불교
계에 이토록 뜻깊은 자비행을 행하는 분이 많이 계신다는
것, 그리고 나 같은 평범한 사람조차도 그 자비의 덕을 받
아 누릴 수 있다는 것이 너무 감사했다. 우리는 한 명씩 돌
아가면서 공부 과정에서 느낀 자신의 감상을 이야기했다.
나는 그저 수불스님과 미산스님에게 감사드린다는 말씀만
드렸다. 그 이상의 말이 다 사족에 지나지 않으리라 여겨졌
기 때문이다.

수불스님은 이제부터가 공부의 시작이니 모든 것을 내려
놓고 마음을 비우고 잘 살라는 당부의 말씀을 하셨다. 미산
스님은 여전히 당신 고유의 세심함과 따뜻함으로 한 명 한
명을 모두 신경 써주셨다. 공부를 마친 자, 아직 자하루에
서 공부하고 있는 자, 상도선원이나 안국선원에서 온 자원
봉사자들과 미황사 소속의 자원봉사자들, 아래 찻집 주인
까지 모두를 배려하셨다. 그리고 수불스님, 금강스님, 혜민
스님, 무량심 회장보살님, 은암거사님, 고법심 보살님 등
모든 분을 그들 각각의 자리에 합당하게 높여주셨다. 어떤
공력에서 저런 인자함과 세심함이 흘러나오는 것일까, 저
부드러움과 사려 깊음의 원천이 무엇일까, 감탄스러웠다.

저런 분은 혼자 조용히 계실 때 무슨 생각을 하실까 궁금해지기도 했다.

차담을 마치고 성승연 선생은 박성현 선생과 함께 혜민 스님을 뵈러 갔고, 나는 우리 방에 달리 이야기를 나눌 만큼 잘 아는 사람이 없어서 일찍 잠자리에 들었다. 그렇다. 분명 나는 적극적으로 원만한 인간관계를 잘 만들어 나가지를 못한다. 그냥 그런대로 살리라. 그로 인한 고통은 그냥 '아름다운 동행'으로 받아들이리라.

멀리서 삼배를 하고

7박 8일의 마지막 날이다. 아침 식사 후 회향식이 있었다. 공부 과정에서 그리도 자상하게 또 끈질기게 고구정녕으로 긴 말씀을 토해내시던 수불스님이 회향식에서는 아주 짧게 한마디를 하셨다.

"저의 정진력의 부족 때문에 여러분을 더 많이 더 잘 이끌어주지 못해 후회스럽습니다. 이 자리에서 또다시 시작하고 싶지만 그렇게 할 수 없음이 아쉽습니다. 부디 여러분 각자 세간의 자기 자리로 돌아가 모두 행복하게 잘 사시기를 바랍니다. 잘 사십시오."

눈물이 핑 돌았다. 마치 더 크게 성장하기를 바라면서 자식을 세상 풍파 속으로 떠밀어 보내는 그런 부모의 심정,

애틋한 염려와 사랑이 느껴졌다.

회향식을 마치고는 배당받은 구역을 청소했다. 우리 다섯은 한 구역 청소를 맡아 모두 함께하고 있었는데, 자상하신 미산스님이 이곳에 들르셔서 먼저 올라간다고 하시기에, 우리는 인사를 드렸다. 그러고 나서 곧 박찬욱 선생이 은암거사님과 김홍근 선생을 태우고 함께 차로 출발했고, 성승연 선생과 박성현 선생은 태원스님을 뵈러 갔다.

두 선생이 면담을 마치고 오기까지 남편과 나는 한가롭게 절간을 돌아다녔다. 49재가 행해지고 있는 대웅전에는 들어가지 못하고, 그 앞 멀찌감치에 서서 우리 딸과 아들의 좋은 학업 성취를 위해 기도하면서 세 번 반 배를 했다. 부모 형제의 건강도 빌었다. 작년 부산에서 공부가 완성되는 순간 내가 일으킨 원은 남편과 시어머니도 이 공부를 해서 이 기쁨을 느끼는 것이었다. 나의 친정어머니는 열성 기독교인이라 이걸 권하기 힘들겠지만, 남편이나 시어머니는 불자이니 가능할 것 같았다. 그런데 그 원 중 하나는 이루었다. 남편이 함께하게 되었으니 말이다. 지금 생각해보면 시어머님은 이것을 안 해도 이미 부처님 같은 마음으로 우리를 보살펴주고 계시는 것 같다. 그렇게 이런저런 원을 내면서 절을 돌아다니고 나서도 시간이 남아 숙소 마루

기둥에 기대고 앉아 깜박깜박 졸고 있었다. 면담을 마치고 두 선생이 돌아와서 우리는 함께 차를 타고 미황사를 등지고 서울로 향했다. 그렇게 미황사에서의 7박 8일이 막을 내렸다.

감
사

미황사를 다녀온 후, 남편은 집에서 틈만 나면 좌선을 한다. 그저 마음 비우고 앉아 있는 것이 가장 편안하고 좋다고 한다. 내가 공부를 마쳤을 때도 사람들이 뭔가 달라진 것 같다고 했었다. 가끔 그렇구나 싶을 때도 있었지만, 일상에서 또 애들과 부딪히다 보면 소리 지르며 싸우게 되고, 그러면 속으로 '바뀐 게 하나도 없구나' 하며 스스로에게 실망하기도 한다.

　모두 그렇게 이야기했다. 회장보살님이 특히 그것을 강조하셨다. 지난 습이 남아 있어 안에서 그것이 계속 일어난다고. 오히려 예전보다 더 잘 보게 되어서 '아니 내가 이런 사람이었나' 하며 더 실망하게 될 수도 있다고. 그렇다. 바닥으로 내려가서 눈을 떴다고 해서 그 위를 가득 채우던 돌멩이들, 업장들이 어디 가겠는가? 견성은 업장을 모두 녹여버리는 것이 아니라, 업장 사이를 타고 흘러 내려와 그 바닥의 본성을 보는 것일 뿐이다. 그러므로 더 이상 표면에서 눈뜨지 않고 바닥, 마음의 본래 자리에서 눈뜬다는 것이 다를 뿐이다. 그 마음속을 가득 채우고 있는 장애들은 그대로 남아 있어, 마음이 세계를 볼 때 그리고 세계와 관계할 때, 그 지난 습으로 인한 때가 묻어나오기 마련이다.

바로 이 때문에 마음공부에 우선 돈오가 있어야 하지만, 그 공부를 완성하기 위해서는 다시 오후수로서 점수가 요구된다. 신수는 본성을 자각하기 위해서는 마음에 낀 때를 완전히 닦아야 한다고 생각해 '부지런히 마음의 때를 닦자'고 게송을 읊었다. 마치 거울을 보기 위해 거울의 때를 닦듯이 말이다. 그런데 혜능은 마음 본성의 자각은 때를 닦아 얻어지는 것이 아니라는 것을 알았다. 마음은 바깥에서 들여다보는 것이 아니기 때문이다. 거울을 보기 위해 거울의 때를 닦아야 한다고 생각하는 것은 거울을 바깥에서 들여다볼 때 타당한 말이다. 만약 거울이 자기의식이 있어 스스로를 자각한다면 표면에 때가 붙어 있든 말든 상관없이 자기 본성을 자각할 수 있을 것이다. 그처럼 마음은 업으로 인한 때가 있든 없든 상관없이 스스로 자기 본성을 자각할 수 있다. 그러므로 혜능은 '본래무일물인데, 무엇을 닦을 것인가?'라고 했다. 견성은 점진적 수행에 앞서 한 찰나에 불현듯 얻어지는 것이다.

그런데 업으로 인한 때와 상관없이 마음의 본성을 자각할 수 있다는 말은, 곧 거꾸로 그렇게 마음의 본성을 자각한다고 해도 마음에 붙어 있는 때와 업장은 그 돈오와 상관없이 그대로 남아 있다는 것을 의미한다. 마음이 내적으로 자기 자신을 자각한다고 해도, 그 마음이 세계와 관계할 때는 그 마음에 쌓여 있는 습기의 때가 묻어 나와 세계가 얼룩져 보이는 것이다. 결국 세계와 소통이 어렵게 되는 것이다. 그러므로 돈오 이후에는 그 마음의 때를 닦는 점수가 필요하다. 만일 마음의 때가 모두 닦여 업장이 사라진다면, 그 마음은 곧 세계와 하나가 될 것이다. 본래의 마음에는 자타의 구분, 주객의 분별이 없기 때문이다. 일체중생의 마음이 모두 하나이며, 세계는 그 마음이 그린 환화幻華이기 때문이다. 그러니까 견성의 마음공부를 마쳐도 실세 삶을 살아가는 데에서는 크게 달라진 것이 없고, 가끔 어쩌다 아주 미세한 변화들만이 감지될 뿐이다. 생활에서의 변화는 아마 본인보다는 곁에 있는 사람이 더 잘 알아차리는 것인지 모른다.

나는 늘 우리 애들과 이리저리 부딪히며 사는 게 힘들었다. 우리 애들이 나를 만만하게 보며 함부로 하기 때문이다. 사실 내 탓도 있다. 나는 그동안 애들과 서로 친구처럼 지내고 싶어서 존댓말을 쓰라고 가르치지도 않았다. 애들이 아기였을 때 종종 '엄마와 혜인이는 하나' '엄마와 정인이는 하나'라고 말하면서 애들과 가까워지려고 노력했다. 그런데 가깝고 편한 것이 도를 넘어서, 어떤 때는 애들이 나를 친구만도 못한 존재로 대하는 게 아닌가 싶을 때가 종종 있다. 딸 아들 둘 다 자아의식이 커갈수록 그리고 공부 때문에 피곤해질수록 그로부터 받는 온갖 스트레스를 모두 다 내게 푸는 것 같았다. 하지만 나는 따끔하게 야단칠 줄도 모르고 또 내 야단은 먹히지도 않는다. 기껏 같이 소리 지르고 싸우는 식이다. 그러다가 남편이 애들을 야단치면 또 뭐 별것도 아닌 것 갖고 애들한테 그러냐고 오히려 남편 타박하기를 잘했다. 그러면 남편은 내가 애들 앞에서 아빠 설 자리를 빼앗는다고, '우린 서로 친구'라는 그런 말도 안 되는 양육으로 애들이 어른을 공경하는 마음, 감사하는 마음을 배우지 못하게 만들었다고 나를 탓했다. 늘 이런 구도로 애들과 나, 나와 남편, 남편과 애들, 그리고 애들은 또 자기네들끼리 그렇게 서로 싸우고 마음에 생채기 내면서 살아왔다.

내가 부산을 다녀온 후 애들과의 관계가 조금 나아진 듯도 했지만, 좀 좋아졌구나 싶으면 이내 또 소리 지를 일이 생겼다. 밤새 영화 보고 늦게 일어나서는 게임이나 하다가, 학원 갈 시간 되면 머리 아파서 못 가겠다고 드러누우면, 나는 그 모습이 못마땅해 그래도 가라고 다그친다. 그러면 무슨 엄마가 애 건강보다 공부가 우선이냐고 자기가 더 크게 소리친다. "그래, 네 마음대로 해라" 하면, 또 그렇게 늘어지게 잠만 잔다. 아침에 깨우면 신경질 박박 내면서 안 일어나 놓고는, '그래, 피곤해서 그러겠지' 하고 좀 이따가서 깨우면, 그제야 일어나서는 왜 이제 깨웠냐고, 자면서 하는 말을 들으면 어떡하냐고, 엄마가 더 자고 싶어서 그런 것 아니냐고, 그렇게 타박을 일삼는다.

며칠 전 아침에 큰애를 깨웠더니, 왜 어지럽게 흔드냐고 신경질을 냈다. 보통 때 같으면 남편이 소리친다.

"깨우지 마요. 지가 알아서 하라고 내버려둬요."

그런데 미황사에 다녀온 효과인지 그날은 남편이 조용했다. 내가 애 방 문을 닫고 나오면서 말했다.

"자기가 깨워달라고 해서 깨웠는데, 왜 나한테 신경질이야!"

그러자 남편이 말했다.

"그것도 다 엄마가 있으니까 그러는 거예요."

그렇지 싶었다. 아침 먹은 후 내가 말했다.

"재가 나보고 오늘 학원 가서 환불 받아오고, 또 백화점 가서 자기 티셔츠도 사 오래요. 오늘 이렇게 더운데 또 나가야 해. 나 참 불쌍하죠?"

그러자 남편이 말했다.

"그런 애들도 없으면 더 불쌍하죠."

남편이 어떻게 저렇게 바뀌었나 싶었다. 그렇긴 하다. 맞는 말이긴 하다. 애가 공부 못해서 속 썩는다고 한탄하면 애 없는 엄마는 속 썩일 애라도 있었으면 할 것이고, 애가 아프다고 슬퍼하면 애를 묻고 온 엄마는 아파도 살아 있었으면 싶지 않겠는가?

우리의 일상 의식은 현재 가진 것들을 다 기본으로 전제해놓고 산다. 그래서 그 기본은 의식되지도 알려지지도 않고, 그저 있으나 마나 한 것처럼 평가받게 된다. 일상 의식은 그 기본 위에서 그것이 아직 갖지 못한 것을 추구할 뿐이다. 그것을 지향하는 동안은 그것의 성취가 날 행복하게 해줄 것으로 여기지만, 일단 성취하고 나면 그 행복감은 잠시이고 그것은 다시 또 내가 이미 갖게 된 나의 기본이 되어버린다. 그러면 나는 더 이상 그것에 주목하지 않게 된다. 이렇게 우리는 세상의 행복을 하나씩 집어다가 우리를 가득 채우지만, 그것은 의식되지 않는 행복, 결국 불행으로 남을 뿐이다. 이처럼 기본을 의식하지 못하는 우리의 일상 의식, 표층의식은 태생적으로 행복할 수가 없다. 그것은 근본적으로 행복을 의식하지 못하는 의식, 행복을 불행으로 바꾸는 의식이기 때문이다.

그러면 무엇이 기본인가? 이럴 때 나는 헬렌 켈러가 떠오른다. 늘 어둠을 보고 적막을 듣고 결국 침묵에 잠겨야 했던 그녀. 누군가가 물었단다. 만약 당신이 죽기 사흘 전, 신이 당신에게 원하는 것을 할 수 있는 능력을 준다면 무엇을 하고 싶냐고. 이런 류의 대답이었다고 기억한다. 하루는 파란 하늘과 밤하늘의 별을 보고 싶고, 다음 날은 새소리와 바람 소리를 듣고 싶고, 그다음 날은 설리반 선생님의 얼굴을 보면서 말하고 싶다고. 그렇지 않겠는가? 평생 그리 해보고 싶은 간설함이 오죽했겠는가? 그럴 수 있게 된다면 그녀는 얼마나 행복하겠는가? 우리는 매일 보고 듣고 말하지만, 그것을 행복으로 여기지 않는다. 우리는 우리가 갖고 있는 기본에 대해 행복해할 수 있는 능력을 상실했다.

우리는 왜 불행한가? 우리 의식의 문턱이 점점 높아져서 기본의 가치, 기본의 행복을 의식하지 못하기 때문이다. 스스로를 알아보는 자각의 눈이 마음 심층에 있지 않고 마음 표층에 붙어 있기 때문이다. 눈이 마음 바닥, 심층으로 내려가야 그 위에 놓인 기본이 보이는데, 기본보다 더 높은 수위로 올라와 있으니, 바닥도 보이지 않고 그 위의 기본도 보이지 않으며, 그것을 의식할 수도 알 수도 없는 것이다.

그렇다. 마음을 내려놓는다는 것은 자기 마음의 눈을 마음 바닥에 두는 것이다. 그렇게 하면, 그 위에 있는 모든 존재가 다 아름다워 보인다. 내가 바닥으로 가서 일체 내용에서 벗어나 빈 도화지가 되면, 그 위에 그려진 모든 것이 다 아름다운 그림이 되는 것이다. 내가 빈 도화지가 아니고 그 위에 그려진 한 포기 풀이나 한 마리 소 또는 한 명의 사람이 되어 자타분별을 하기 시작하면, 모든 것이 상호 갈등과 대립의 관계가 되고 만다. 내가 풀이면 나를 뜯어먹는 소가 싫을 것이고, 내가 소면 나를 평생 부리다가 결국은 잡아먹는 사람이 싫을 것이다. 내가 사람이면 소든 풀이든 나든 그것이 다 내 마음, 내 도화지 위의 존재라는 것, 결국은 나 자신이라는 것을 알지 못하고 풀을 짓밟고 소를 잡아먹는다. 그렇지만 그것이 결국 다 내 마음 바탕 위에서 일어나는 일이기에, 그 바탕에서는 나나 소나 풀이 모두 하나이기에, 결국 나로 인한 풀의 아픔과 소의 고통이 사라지지 않고 그 바탕인 도화지에 흔적을 남긴다. 도화지, 즉 나의 마음 바탕에 업장이 쌓이는 것이다.

분별심을 일으키지 말라는 것은 자신을 도화지 위에 그려진 상相으로 의식하지 말고, 마음 바탕, 마음의 성性이 되라는 것이다. 마음 표층에서만 눈뜨지 말고 마음 심층 그 본래 자리에서 눈뜨라는 것이다. 그러면 그 자리에서 나는 일체 존재, 모든 생명이 나와 마찬가지로 도화지 위의 그림이 아니라 바로 그 도화지 자체라는 것, 스스로 그림을 그리는 도화지의 빛이라는 것을 알게 된다. 그렇게 마음 심층에서는 모든 생명이 결국 하나라는 것, 너와 내가 하나라는 것을 알게 된다. 그러므로 그 자리에서는 자타분별, 주객분별이 멈추게 된다. 그러면 일체의 분별, 선악분별과 호오분별을 넘어서서 일체를 포용하고 일체를 받아들일 수 있는 아량이 생긴다. 일체가 마음 안에 그려진 것이고, 내 마음이 바로 네 마음이기 때문이다. 그러니까 견성하는 것이 왜 자비심으로 이어지는지, 그리고 그것이 왜 법열이 되는지, 이제 그 이유를 알 것 같다. 바탕이 되어 기본을 의식하게 되니 행복해지고, 바탕이 되어 일체를 품에 안으니 자비심이 일어나지 않겠는가?

　이처럼 자신의 업장을 타고 내려와 마음 바닥에 이르러 거기서 눈뜨는 것, 그것은 나를 행복하게 만들고 일체 존재와 내가 둘이 아니라는 깨달음을 통해 나를 자비롭게 만든다. 마음에 걸림이 없고 막힘이 없게 되는 것이다. 불교는 이것을 견성이라고 하고 돈오라고 한다. 기독교에서도 바로 이것을 신과의 만남 또는 신의 은혜라고 하는 것이 아닐까? 이 점에서 나는 일체 종교의 핵심은 마찬가지라고 생각한다. 다만 간화선이 특출난 것은 그 마음 바닥에 내려가 공空이 되기까지 복잡한 교리나 원리를 논하지 않는다는 것이다. 그래서 선禪을 교외별전敎外別傳, 언어도단言語道斷이라고 한다. 교리를 따라 바닥으로 내려가게 된다면, 진정한 바닥, 빈 마음에 닿지 못한다. 진정한 공, 무한에 이르지 못한다. 끝까지 그 내용에 매달리게 된다. 바닥에 도달한 것 같아도, 그 바닥은 결국 교리의 바닥, 언어의 바닥이다. 그때는 그 교리에 따라, 그 언어에 따라 다시 이 세상 모든 것을 선과 악으로, 산 자와 죽은 자로, 구원받을 자와 구원받지 못할 자로 이분하게 된다. 오히려 근본주의자, 교조주의자가 되는 것이다. 그것은 우리의 일상적 분별보다 더 엄격하고 잔인한 분별이 된다. 그래서 이 세상의 종교가 끊임없이 전쟁을 일으키는 것이 아니겠는가?

일체 내용을 모두 떠나 진정으로 참된 바탕에 이른다면, 스스로 빈 마음이 되고 빈 도화지가 된다면, 그때에는 세상 만물 모든 것을 선악과 호오의 분별없이 포괄하게 될 것이다. 간화선은 일체 내용을 다 버리고 바닥으로, 아니 바닥 없는 무한 심연으로 내려가게 한다. 결국 아무것도 생각하지 않고 아무것에도 매이지 않고, 그저 '이뭐꼬'라는 화두 하나에만 매달려 빈자리를 찾아 내려가는 것이다. 그러니까 매 순간이 '백척간두진일보'다. 일체 내용을 떠나 스스로 자신을 비움으로써 그렇게 빈 바닥을 향해 나아가는 것이다.

우리는 바닥에 이르러서야 진정으로 서로를 만날 수 있을 것이다. 그 빈 바탕인 마음 바닥이 우주 전체를 형성하고 모든 존재를 살아 있게 하는 하나의 생명, 하나의 마음이기에, 우리는 그것을 신이나 부처님이라고 부르기도 하지만, 그것은 결국 모든 중생의 마음, 하나의 마음, 한울의 마음이 아니겠는가?

우리 각자의 표층의식 아래 마음 바닥으로 내려가면, 그곳에서 우리가 다시 만날 수 있다는 것, 그곳에서 우리는 모두 하나의 생명이고 하나의 마음이며 따라서 말없이 서로 공감하고 소통하고 있다는 것, 그 힘으로 오늘도 우리는 서로 그리워하고 서로 사랑하며 살 수 있다는 것, 이것이 두 번의 수행을 통해 내가 배운 것이다. 이 배움이 가능하도록 함께했던 모든 인연에 감사할 뿐이다.